ÉTUDE

SUR

LES VARIATIONS

DU

POLYTHÉISME GREC,

PAR

TH. BERNARD,

Traducteur du *Dictionnaire Mythologique* de JACOBI.

PARIS,

LIBRAIRIE ALLEMANDE DE A. FRANCK,

69, rue Richelieu.

MUNICH,

LIBRAIRIE DE CHR. KAYSER,

1853

ÉTUDE

SUR LES VARIATIONS

DU POLYTHÉISME GREC.

ÉTUDE

SUR

LES VARIATIONS

DU

POLYTHÉISME GREC,

PAR

TH. BERNARD,

Traducteur du *Dictionnaire mythologique* de JACOBI.

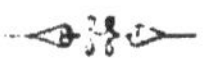

PARIS,
LIBRAIRIE ALLEMANDE DE A. FRANCK,
69, rue Richelieu.

MUNICH,
LIBRAIRIE DE CHR. KAYSER.

1853

INTRODUCTION.

L'homme, créature vaine et imparfaite, n'a de valeur dans les productions de son intelligence qu'à la condition de tout rapporter à la Cause suprême d'où sa vie découle. Enflé d'orgueil, veut-il dépasser le cercle de son infime puissance, il ne crée que la destruction et le néant. Cherche-t-il au contraire un appui dans la force supérieure qui l'enveloppe de toutes parts, un rayon lumineux descend sur son œuvre pour l'éclairer. Le dix-neuvième siècle, qui assiste à l'agonie des nations latines, a profondément senti cette vérité; pendant que le ricanement du matérialisme retentit encore à ses oreilles, comme un vieillard dont le souffle s'éteint, il s'est retourné vers des croyances presque oubliées, pour lire en elles ce que la philosophie n'avait pu lui apprendre.

C'est en effet un caractère remarquable de notre temps, que cette fièvre qui porte tous les esprits vers les question d'origine : géologie, ethnographie, linguistique, théosophies de l'antiquité, tout a été étudié, scruté, refait de nouveau. Et ce qui a principalement attiré l'attention, soit des penseurs qui ont conscience de leur direction, soit des érudits qui s'acheminent instinctivement dans une voie inconnue, ce sont les sources religieuses. Le vieil Orient a livré, page à page, son histoire obscure encore, mais où déjà l'on a pu apercevoir des vestiges irrécusables d'une ancienne communication avec les familles européennes.

Quelle est donc la raison de cette activité singulière? Le simple désir d'apprendre? Les nations n'obéissent point à de semblables mobiles, elles qu'on voit, lorsqu'elles portent en elles-mêmes un principe suffisant de vie et d'action, rester pendant des siècles absolument indifférentes aux civilisations lointaines. Pour se rendre compte de ce mouvement universel, il faut étudier son propre cœur et chercher en soi le nouvel idéal que demande l'humanité.

Fatiguée d'avoir vu, depuis le seizième siècle, les systèmes succéder aux systèmes, sans apporter autre chose que le trouble et la confusion, rebutée de sa poésie fiévreuse, tourmentée par le sentiment de son impuissance, découragée d'avoir trop essayé et cependant forcée de marcher toujours, l'époque moderne s'est prise de haine pour son passé de trois siècles : rêveuse devant ses cathédrales, la voilà qui jette à l'oubli Byron après Voltaire, le Satan désolé après le Satan goguenard, et qui, d'un pied dédaigneux, repousse leurs écrits dans les derniers rangs de la foule. Non contente d'écarter les œuvres d'art qui ont une action directe sur les mœurs et les croyances, elle rejette également les conceptions intellectuelles dont le poison, pour être plus lent à s'infiltrer, n'en est pas moins corrosif. Vainement les derniers sectaires rassemblent-ils, en collections compactes, les œuvres de leurs maîtres, pour les offrir à la société nouvelle : celle-ci se détourne et va demander à la Foi ce que la métaphysique ne lui dira jamais.

Également éloignée et du matérialisme qui constate les

faits sans les expliquer, et du rationalisme qui les explique avant de les connaître, l'humanité retourne à ses origines religieuses, après une vérification exacte, constituant une science de création récente, la philosophie de l'histoire, science aux résultats temporaires, mais qui aura servi de *tracé* pour la régénération prochaine.

Que pouvait-elle faire, en effet, dans cet abîme épouvantable de l'ignorance humaine, tantôt soulevée jusqu'au ciel par la métaphysique, dont la conclusion nécessaire est la négation de la sphère matérielle, tantôt traînée dans les plus basses régions de l'empirisme, à la suite duquel elle perdait la conscience de son origine supérieure ? Peu à peu, son intelligence, qui est une et harmonique, comme l'âme même de l'homme, se fût épuisée en vains efforts pour rapprocher les deux mondes : il a donc fallu chercher le salut autre part que dans la philosophie et se tourner vers les idées religieuses, qui reconnaissent seules de mystérieux rapports entre le ciel et la terre, par l'existence des esprits « créés pour apporter d'en haut les décrets de la Providence, et transmettre en retour les prières et les hymnes des mortels [1]. »

Toutefois, comme le siècle n'a pu se défaire encore de ses habitudes scientifiques, comme l'analyse est devenue pour lui un impérieux besoin, pendant que les âmes simples courent à la Foi avec la tranquillité du cœur, les esprits plus inquiets s'arrêtent et demandent à la science la confirmation des vérités qu'enseigne la Religion. Le travail qui s'accomplit en eux porte encore un caractère de défiance, au moins dans son point d'impulsion. C'est seulement à mesure que les découvertes les plus extraor-

[1] Gerus. Liberata, II, 11.

dinaires, les plus inattendues, révèlent les connaissances merveilleuses de l'humanité première, que, d'abord hostiles, ils se soumettent et acceptent enfin l'idée d'une révélation.

Aujourd'hui l'on peut déjà prévoir l'instant où, réunis dans un sentiment commun, croyants et sceptiques feront disparaître ce dualisme qui divise le monde de la pensée en deux sphères distinctes, et l'on peut aussi comprendre avec une parfaite clarté la raison de cette tendance à une synthèse nouvelle. Originairement, l'unité qui existe dans l'intelligence se reproduit dans les faits ; toutes les créations de l'homme, rattachées à un foyer commun, s'ordonnent suivant une loi de régularité et d'harmonie. Quand celle-ci disparaît, les créations elles-mêmes, privées de la vie intérieure s'écartent et divergent, emportant avec elles les lambeaux de l'âme humaine aux quatre vents du ciel.

Ainsi, pour prendre un exemple dans la science historique, on la voit au début harmonique avec l'idée religieuse ; dans Hérodote, déjà altérée pourtant, dans Grégoire de Tours, dans le moine Nestor, qui commencent trois civilisations distinctes. Puis, à mesure que la philosophie se constitue en science et se retire de la religion, elle pénètre dans l'histoire, qui devient d'abord raisonneuse, puis sceptique ; et enfin, lorsque la philosophie elle-même se flétrit et s'efface, la science historique n'est plus qu'une compilation rebutante, où les Hérodien et les Procope succèdent aux Xénophon et aux Thucydide.

De même, dans les sciences naturelles encore enveloppées sous les voiles philosophiques, vient, après les larges systèmes des écoles de Thalès et de Pythagore, un matérialisme étroit, plus ou moins conscient chez ses auteurs, duquel jaillit la sophistique, science creuse et vaine, qui

est à la philosophie ce que la *chronique* est à l'histoire. C'est ainsi que nous avons vu de nos jours chaque branche de l'intelligence humaine prendre un développement excessif, et, se bifurquant en une série de sciences secondaires, cesser de se subordonner à un principe général et morceler l'esprit de l'humanité.

Est-ce donc, dira-t-on, qu'il faille rejeter les degrés successifs de la connaissance parcourus depuis le jour où l'expérimentation scientifique a commencé? Non, sans doute; mais en gardant les résultats acquis, la société moderne doit retourner à un principe, car elle ne veut pas d'un système de morcellement analogue à celui qu'elle vient de subir, où l'on a vu des hommes choisir pour objet de leurs travaux, non pas l'univers matériel, non pas une science spéciale, non pas même dans cette science une famille, mais un seul insecte, et passer leur vie à l'étudier, pendant que l'effrayante décomposition des idées absorbait l'attention de tous les penseurs sérieux. Cet esprit de spécialité, qui est sans doute fort utile, ne peut subsister qu'à la condition d'être refoulé dans les derniers rangs. Toute voix délibérative doit être enlevée à ceux qui se sentent doués d'une vocation semblable, et qui osent proposer la *science* comme moyen de direction dans le grand mouvement qui emporte la société. Si d'ailleurs cette dernière s'est effrayée de telles offres, c'est à bon droit peut-être. Ne sait-elle pas que, dans les langues germaniques, le même mot signifie *présent* et *poison?*

La synthèse hiérarchique renaîtra donc comme elle a existé dans le passé : toutes les sciences rebelles plieront sous la théologie quand celle-ci aura recouvré sa force et sa dignité perdues. Alors, comme aux premiers jours des civilisations orientales, les mathématiques, la médecine, l'histoire, la législation vivront sous l'ombre des temples pour y être cultivées par ceux dont l'esprit se sera exercé dans les méditations de la vie claustrale. Alors renaîtra la foi mystique, que le scepticisme a voulu flétrir du nom de superstition, et qui, rendant à chaque phénomène de la nature son sens divin, laissera, ainsi qu'aux temps antiques, les âmes redevenir attentives aux bruits mystérieux de la création. La *religion éclairée* des philosophes du dix-huitième siècle disparaîtra avec les autres fantaisies sincères ou suspectes de cette école ricaneuse, dont les adeptes, après avoir affirmé aux belles dames de l'époque la parfaite identité de l'homme et de la brute, allaient prouver la vérité de leur théorème en crevant d'indigestion sur les sofas du grand Frédéric.

Alors, aussi, renaîtront les œuvres d'art, frappées aujourd'hui de décadence et de stérilité. Pour émouvoir la foule et parler à son intelligence, il ne sera plus besoin d'écrire des livres monstrueux dans lesquels l'invraisemblance des conceptions n'est égalée que par la convulsive boursoufflure du style, ou de faire revivre le passé en le travestissant dans des imitations grotesques qui abrutissent l'esprit public. Toute cette fièvre se calmera sans effort quand l'idée divine reviendra pénétrer chaque artère du corps social et prévenir une complète dissolution.

Un grand nombre d'hommes, nous ne l'ignorons point, n'en sont nullement arrivés à ces conclusions, soit qu'ils aient pour idéal en politique les égoïstes personnalités de l'empereur Henri IV ou du roi Philippe-le-Bel, soit qu'ils considèrent la science comme mortellement hostile à l'esprit religieux ; soit que, retranchés dans une dédaigneuse indifférence et ne distinguant pas la vie instinctive, particulière aux premiers âges, de la vie rationnelle, attribut des seconds, ils regardent l'humanité passer devant eux, en niant que son évolution s'accomplisse suivant une loi de progrès.

Aux partisans de la puissance temporelle, nous répondrons que cette grave question de la hiérarchie des deux pouvoirs peut être regardée aujourd'hui comme résolue. Peut-être a-t-il fallu que, pendant un certain temps, la société séparât nettement ses forces afin de se diviser en deux castes, qui tournassent chacune leur énergie vers une sphère distincte, et organisassent, l'une, la moralité humaine, et l'autre, la domination du monde extérieur. Mais maintenant que la nature est soumise, il est temps de raviver une hiérarchie altérée à dessein, et de faire de la société comme de l'homme « une intelligence servie par des organes, » à condition toutefois que la transformation n'aura pas pour effet d'opérer une substitution purement apparente où les deux termes seraient hypocritement déplacés.

En second lieu, nous répondrons aux savants qui voudraient bien nous honorer de leurs objections, que l'opposition de la religion et de la philosophie naturelle existe aujourd'hui, parce que cette dernière prétend à un caractère absolu : quand elle aura retrouvé son caractère relatif, le seul qui lui convienne, l'hostilité s'évanouira. A force de réfléchir sur la science, l'humanité s'est aperçue « qu'elle n'aboutit qu'à donner un nom, et c'est ce que tout parrain peut faire [1]. » En quoi, effectivement, les travaux de la physiologie ont-ils éclairé la question de l'origine de l'homme, ou les recherches astronomiques celles de l'origine du monde? Dans tout ce qu'il y a d'es-

1 Shakspeare, Love's Labours lost., act. I, sc. 1.

sentiel, l'existence des corps et des esprits, leur apparition première, leur signification propre au milieu de l'univers, l'*essence* enfin de leur être, la science ne sait rien et se vante de son ignorance, comme l'a proclamé hautement un des savants les plus éminents de l'époque[1]. Les solutions ne sont point du ressort de la philosophie expérimentale ; ce qu'elle opère, c'est de rapprocher l'effet de la cause, en mettant à nu une série de causes secondaires ; mais le principe premier lui reste à jamais caché. On nous avait bien promis, au commencement de ce siècle, de nouveaux fluides impondérables pour expliquer les phénomènes de l'existence[2]; mais depuis nous avons continué à vivre comme autrefois sans que rien ait été dévoilé.

Ainsi, ignorance absolue sur l'origine de l'homme, ignorance absolue sur sa destinée, voilà les deux pôles entre lesquels s'agite la science, incessamment rejetée de l'un à l'autre, et toute troublée de ce mouvement vertigineux, qu'elle s'appelle Métaphysique ou Physique. Entre ces deux cercles de ténèbres, elle essaie de déployer sa fantasmagorie, que le premier rayon de la véritable lumière fait évanouir : systèmes sublimes de l'idéalisme ou conceptions avilissantes du monde expérimental, influx physique, harmonie préétablie, causes occasionnelles, théorie moléculaire, théorie du phlogistique, transformation du caillou en singe et du singe en homme, voilà ce qu'elle a produit tour à tour pour expliquer ou la vie spirituelle, ou la vie de la matière. A peine un système est-il venu en remplacer un autre, qu'un troisième germait déjà pour s'épanouir aux dépens du triomphateur,

[1] Aug. Comte, *Cours de philosophie positive*, *Politique positive*. — [2] Cuvier, *Rapport sur les progrès des sciences naturelles*, p. 29.

mal assis sur des ruines. Est-il donc étonnant que l'humanité, à laquelle, en dépit de toutes les assertions philosophiques, il faut la nourriture substantielle de l'âme, se détourne de ceux qui lui ont rempli la bouche de gravier, et emprunte la voix de la poésie populaire pour demander à la théosophie une révélation sur la vie du passé et sur la vie future :

« Souvent, ô roi, dans le cœur de l'hiver, lorsque vous « êtes à vous réjouir avec vos thanes, que la flamme brille « dans le foyer placé au milieu de la salle du festin, vous « avez vu un oiseau traverser rapidement, entrant par « une porte et sortant par une autre. L'instant de ce tra- « jet est pour lui plein de douceur : il ne sent plus ni « pluie ni orage; mais ce moment est rapide ; l'oiseau « fuit en un clin d'œil, et de l'hiver il repasse dans l'hi- « ver. D'où venait-il ? Où allait-il ? Vous l'ignorez. Telle « est notre vie sur la terre : nous y résidons pendant « quelques années ; mais nous ne pouvons dire ce qui « précède notre naissance, ni ce qui suit notre mort. Si « la religion du Christ peut nous révéler ces importants « secrets, elle mérite que nous l'adoptions [1]. »

En troisième lieu, à ceux qui nient le mouvement de la société, nous répliquerons en écartant d'abord, avec Hégel et Auguste Comte, le mot de progrès, qui implique une supériorité dans les faits, et en le remplaçant par celui de développement. Ce point de vue une fois admis, peut-on se refuser à reconnaître une sorte de multiplication dans les forces de l'humanité, privée irrévocablement des facultés spontanées de son premier essor, mais qui a puissamment développé les énergies réfléchies du

[1] Discours d'un Saxon à Edwin. Stolberg, *Vie d'Alfred*, trad. fr., p. 140.

cerveau? A mesure qu'elle se dégage de la matière pour s'élever vers le ciel, elle perd le sens du monde instinctif et fatal, et idéalise de plus en plus son œuvre; reproduisant ainsi, dans un ordre supérieur, la gradation de l'échelle animale où l'intelligence se trouve toujours en raison inverse de l'instinct, malgré l'assertion de certains philosophes, qui trouvent commode d'écarter *à priori* les insectes, à propos de l'intelligence des animaux [1], sans expliquer pourquoi l'abeille ou le ver à soie ne se trompent jamais.

Autrefois, l'humanité a agi avec les forces de la jeunesse. Aujourd'hui, avec la calme maturité du vieillard, elle réfléchit. En ce sens, on peut dire que l'évolution s'opère dans l'idéal, et non dans la réalité, pour tout ce qui est étranger aux sciences.

Si cette formule peut être admise, elle expliquerait à la fois et la supériorité évidente des races premières, qui touchaient la vérité par une aperception directe, et le progrès certain de l'industrie, en indiquant aussi comment une société progressive peut être incapable de réaliser des œuvres d'art et d'offrir une moralité incontestablement supérieure à celle du passé. Car, si les hommes ont, au dix-neuvième siècle, les germes des mêmes imperfections que leurs ancêtres errant sur les versants de l'Himalaya, si les formes seules du vice sont différentes, avec plus de férocité ou de passion dans l'âge antique, avec plus d'abjection ou de calcul dans l'époque moderne; si, en outre, cette dernière est positivement inférieure aux siècles écoulés par son incapacité absolue à produire une œuvre d'art quelconque, harmonique et complète en soi,

[1] G. Leroy, *Lettres sur les animaux.*

toutefois les théories qui embrassent les quatre éléments de toute association humaine, la Religion, la Science, l'Art et le Droit, sont aussi supérieures aux imparfaites notions des écoles grecques et indoues, que les Vierges de Raphaël aux grossières images pélasgiques.

Le rôle propre de l'humanité est donc de poursuivre un idéal, car sa fonction est plus intellectuelle que morale, sans qu'on puisse assigner de cause à cette destinée. Avec les siècles, les formes des vices se développent et se subtilisent comme celles des vertus. Vainement les religions travaillent à l'amélioration d'une masse corrompue et mettent en œuvre la prédication ou la violence. Qu'elles cherchent à supprimer le mal ou à étendre le bien, l'humanité garde ses vices, pendant qu'au-dessus d'elle étincelle un idéal toujours plus pur, toujours plus éclatant.

Loin d'être hostile à la Religion, la science, mesurée et réduite, contribue à faire apercevoir ce rôle extraordinaire de la société humaine, emportée à travers les siècles, sans repos ni trêve; car les prétendues époques de barbarie ont leur office propre, qui est particulièrement la création des langues, merveilleuse architecture vivante, dont nul n'a encore apprécié toute la signification. Il est donc essentiel de parcourir rapidement les degrés de l'ordre naturel pour examiner comment l'esprit prend successivement possession des types qui y président. Toutefois, qu'on ne l'oublie point, la science ne peut fournir un principe.

Si nous la considérons donc, ce sera, non point pour sa valeur propre, mais pour les éléments nouveaux qu'y puisent les idées religieuses, car son rôle spécial est de décomposer les systèmes qui ne sont plus en harmonie avec leur époque, et de présenter à l'intelligence de nouveaux aperçus. Ainsi, c'est devant elle que le polythéisme homérique tombe peu à peu, soit que Xénagoras mesure l'Olympe et en déclare le sommet inhabité, soit que les progrès de la navigation fassent évanouir les contrées mystérieuses, soit que l'étude embryonaire des mathématiques et de la physique remplace l'idée de *volonté* dans les phénomènes naturels par l'idée de *loi*. Cette dernière substitution, qu'on parle aujourd'hui d'étendre à la dernière science, la science sociale, pour annihiler le libre arbitre de l'homme, a surtout enorgueilli la philosophie naturelle; mais elle pourrait bien s'opérer sans amener le résultat promis; car, parmi toutes les notions impossibles dont le cerveau humain est forcé d'admettre la nécessité, celle d'une fatalité modifiable tient le premier rang. Les Grecs, peuple de liberté et de spontanéité par-dessus tout, ne pouvaient concevoir cette libre acceptation d'une loi nécessaire. Ils s'indignaient, au rapport de Plutarque [1], contre les physiciens, qu'ils traitaient de « vains discoureurs sur les météores, » et qu'ils accusaient « de réduire la divinité à des causes dépourvues de raison, à des facultés sans prescience, à des affections nécessaires privées de liberté. » Mais le catholicisme, par ses efforts continuels pour rallier les partisans de la Grâce et ceux du Libre Arbitre, a montré qu'il savait d'avance à quel résultat intellectuel le mouvement des idées devait amener l'esprit moderne.

De nos jours, tout en remplissant vis-à-vis des idées religieuses l'office qu'elle avait rempli envers le polythéisme, la science n'en a pas moins contribué à la régénération qui se prépare, en vérifiant certaines données entrevues

[1] Vit. Nic., 34.

par les races antiques, mais nécessairement écartées tant qu'elles n'avaient pas reçu cette réalité objective, qui est le caractère de l'ordre naturel. Pour prendre un exemple dans la cosmotechnie, une science nouvelle, l'astronomie sidérale, laisse déjà entrevoir le moment où l'humanité pensera sérieusement à ces mondes « qui n'ont jamais été ni rachetés ni perdus [1], » et se demandera ce que pourraient être les créations de l'Art dans ces orbes éclairés de flammes d'azur et de pourpre, ou qu'étoilent six soleils [2].

La majorité des hommes, il est vrai, étrangère à toute notion scientifique comme à toute méditation, s'inquiète peu des travaux des Struve et des Bessel. Pour elle, le ciel est si loin et si immuable en apparence, qu'elle ne cherche pas à le comparer au monde humain. Mais la science a depuis longtemps déjà constaté des modifications dans « l'armée céleste » ; et, rapprochant diverses sortes d'observations, elle a fini par esquisser un système de création stellaire, qui fournit aux idées religieuses un magnifique sujet de méditation.

Dans la vapeur cosmique qui flotte autour des nébuleuses, elle a vu ce brouillard primitif, formant toute matière solide engendrée par une lente condensation [3]. L'ensemble des systèmes lumineux qui existent dans l'infini n'a pas eu d'autre origine. Si l'on rapproche cette hypothèse de ce fait que certaines étoiles doubles obéissent aux lois de la gravitation ; si l'on considère en outre que les aérolithes, précipités sur la terre, et qui sont des fragments d'astres interrompus dans leur cours par une cause inconnue,

[1] Hymn to a Star. Lucretia Davidson's Poems. New-York, 1829. — [2] Herschell's Catalog., n° 325, 548. Mem. of the Astronom. Soc. of Lond., 1822-29. — [3] Humboldt. Kosm., tome 1. Nébul.

offrent des éléments chimiques identiques avec ceux que nous possédons, il en résultera cette conclusion : les divers systèmes stellaires que nous apercevons dans les cieux sont analogues aux nôtres, dans leurs caractères généraux du moins.

La science astronomique, matérialiste et athée, comme toutes les sciences modernes, se contente de constater les faits qui l'intéressent, sans chercher leur raison d'être ; mais une branche de la religion, qu'on pourrait appeler *téléologique* [1], ou science des buts, des causes finales, acceptant les données fournies par l'observation, va plus loin et plus haut.

Saisie d'admiration devant cet immense réseau lumineux qui a été jeté sur l'infini pour en combler le vide, l'âme de l'homme admet aujourd'hui cette parole d'un sage antique : « Le centre de Dieu est partout, et sa circonférence nulle part. » C'est-à-dire que l'ensemble des forces physiques et intellectuelles n'est point limité à notre globe.

En effet, la science constate que la terre n'a point de caractère physique qui puisse lui faire assigner un rôle spécial dans notre système solaire, *a fortiori* dans le banc d'étoiles où nous sommes noyés, *a fortiori* dans l'infini. Or, si la terre est perdue au milieu de cette myriade de soleils, infime annexe de l'un d'entre eux, l'esprit, par une logique nécessaire, développant la notion catholique du Purgatoire et les plus anciennes conclusions du monde oriental, affirme que l'étendue des cieux est peuplée de sociétés faisant entre elles un incessant échange de la vie, et où transmigrent éternellement les hommes soumis à

[1] J. Reynaud, *s. v.* Astrologie, Encycl. nouv.

des changements de forme et à des développements successifs dont nous n'avons aucune idée, mais dont les transformations des animaux inférieurs nous font concevoir la possibilité, sans qu'il puisse jamais être question d'une métempsycose animale pour l'âme humaine ou *vice versâ* [1]. Quel champ ouvert à l'imagination, si l'on songe que plusieurs de ces amas stellaires auxquels leur distance de la terre donne l'aspect d'une simple nébuleuse, contiennent dix à vingt mille étoiles, pressées dans un espace circulaire dont la surface ne dépasse pas la dixième partie du disque de la lune, ou si nous sommes forcés d'admettre, d'après les travaux de Bessel, que la lumière de certains astres met des milliers d'années à parvenir jusqu'à nous, que nous les voyons encore, conséquemment, des milliers d'années après leur disparition, et qu'enfin d'autres, trop distants, ne pourront envoyer à la terre leur rayon, traversant l'espace avec une vitesse de 310,200 kilomètres par seconde, avant qu'elle ait cessé d'exister [2]!

Voilà la véritable notion de l'Infini introduite dans l'univers physique. Voilà cette existence supérieure, qui, rêvée par le puissant esprit d'Alexandre[3], et transitoirement écartée, rentre dans le cycle religieux pour n'en sortir jamais. Qu'il ait été nécessaire, dans le principe, que l'homme se considérât comme le centre de la vie du Kosmos et rapportât tout l'univers à soi, c'est indubitable ; comme un enfant, devant l'espace sans bornes, il eût plié sous le vertige. Aussi cette notion de l'Infini a-t-elle été préparée graduellement pour ne pas foudroyer le cerveau humain par une subite apparition. Platon et

[1] Tiberghiens, *Théor. de l'infini*, Bruxelles, 1842. — [2] Bordas-Dumoulin, *le Cartésianisme*, I, de l'infini. — [3] Amm. Marcell., 15, 1.

Origène déclaraient le nombre des âmes limité, parce que Dieu, disaient-ils, ne pourrait contenir un nombre infini. De même, l'antique Orient admettait, au delà des sphères innombrables où la prière d'un fils pieux peut alléger la souffrance de ses proches, en obtenant de Bouddha qu'ils passent d'un monde dans un autre [1], un serpent circulaire qui ferme la création. Mais aujourd'hui l'esprit humain est mûr pour sa dernière philosophie religieuse, et il contemple, dans son être intérieur, les transformations successives des mondes stellaires, leur naissance, leur déclin, leur mort, sans inquiétude et sans trouble, sachant que chacun d'eux doit finir seulement quand la race qu'il porte a depuis longtemps cessé d'exister et émigré vers d'autres régions de l'étendue éternelle.

L'histoire de la terre a été singulièrement utile pour éclairer la théorie céleste, et a fourni à l'âme humaine de nouveaux sujets d'étonnement en présence de la complication croissante que le plan de la vie déroule à nos yeux. Les géologues ont lu, dans les couches de terrains, chaque époque de notre globe ; remontant, par une impulsion logique, à sa première apparition dans le ciel, ils l'ont décrit flottant comme une parcelle nébuleuse et ignée, puis se condensant peu à peu, et roulant des vagues de porphyre et de granit incandescents, se refroidissant enfin d'une manière suffisante pour permettre à la croûte extérieure de supporter la vie, manifestée par une suite d'évolutions absolument hiérarchisées, où la plante précède l'animal, où ce dernier précède l'homme, comme le constatent et l'examen des sols divers et toutes les traditions des peuples orientaux. Il n'appartient pas à notre sujet de nous

[1] Burnouf, Rech. sur le bouddhisme.

étendre sur ce point; nous nous contenterons de remarquer que les idées religieuses ont puisé une nouvelle force dans ces spéculations sur la hiérarchie animale, où l'homme a été examiné à tous les points de vue, et reconnu comme un être absolument prééminent, soit qu'en mécanique on constate la complexité et la perfection supérieures de ses mouvements considérés en général, soit qu'en géométrie on oppose la variété des courbes de son organisme à la forme rectiligne de la plante, soit qu'en chimie on ait également vérifié la complexité croissante des combinaisons à mesure qu'on s'élevait du minéral à l'être vivant; soit enfin qu'en embryogénie, on ait vu chaque animal répéter les formes principales des créations inférieures, tandis que l'homme, composé originairement de deux pellicules dont l'une flotte dans l'autre, accomplit, lui seul, toute la série dont les autres êtres ne représentent que des termes bornés.

La science finit proprement avec la physiologie. On peut cependant, en étendant une méthode identique à une doctrine différente, appeler mouvement scientifique l'examen que la société humaine a fait d'elle-même à des points de vue divers. Ainsi, dans l'Art, une science inconnue aux anciens, l'Esthétique, est venue donner à l'époque moderne le sentiment de l'unité harmonique qui relie entre elles toutes les grandes œuvres de l'intelligence, en laissant toutefois ces vérités reposer dans la sphère des concepts, ce qui constitue, comme nous l'avons dit plus haut, un développement *idéal* et point du tout physique. Incapable de construire autre chose que de ridicules édifices, la société s'est pourtant rendu compte du principe générateur qui doit animer toutes les créations de l'Art. Elle a vu que, sans le souffle divin qui soutient leurs frêles voûtes, les cathédrales s'affaissent vers le sol avec l'homme découronné. Aussi, elle commence à raffermir les basiliques chancelantes, appelant ce jour où le monde « dépouillera sa vieillesse pour revêtir la robe blanche des églises [1], » et dressera encore les flèches hardies qui s'élancent vers le ciel avec la libre confiance d'une âme pleine d'amour.

Elle a compris également, cette société à la fois si superbe dans ses efforts et si nulle dans ses résultats, que la peinture, la sculpture, la poésie ne peuvent vivre en dehors du mouvement divin. Pour que les hommes adorent la Muse, son aile doit décrire un arc immense qui embrasse le ciel et la terre, et, prenant dans l'Ether son point d'appui, suspendre à cette inébranlable clef de voûte l'édifice fantastique et inépuisable des rêves humains. Pour avoir méconnu longtemps cette vérité, l'époque moderne, restant au-dessous des grossiers essais des peuples dégradés, a remplacé le *hideux* par le *ridicule*, substitution emportant un caractère d'infériorité, puisqu'il vaut mieux inspirer la *haine* que le *mépris*.

Toutefois, mieux inspirée, elle considère aujourd'hui les races qui ont voulu graver leur souvenir d'une manière indélébile dans la mémoire de l'humanité, en produisant des épopées grandioses où Dieu respire sous les voiles de chaque symbole. Elle s'étonne de l'immortalité communiquée au frêle papyrus où s'expriment les croyances des antiques nations; elle voit la main puissante qui a préservé de la destruction ces reflets infidèles d'une révélation primitive, pour faire apercevoir les vérités qu'ils contiennent encore ou éviter les erreurs qu'ils renfer-

[1] Raoul Glaber, liv. III, ch. 4.

ment. Or, cette connaissance constitue pour la société nouvelle un progrès positif, progrès qu'elle accomplit en commentant avec humilité des œuvres d'art trop puissantes pour sa faiblesse.

En examinant l'âme morale de l'homme, nous trouverons le même progrès intellectuel que dans les autres sphères. Assurément, l'idéal chrétien n'est pas réalisé sur la terre ; il n'est même pas aisé d'affirmer si les mères athéniennes, nous ne parlons pas des mères spartiates, aimaient moins leurs enfants que celles d'aujourd'hui ; mais la notion de l'affection, en général, est certainement plus pure et plus délicate. En veut-on un exemple? Certes, il est plus d'un homme, dans la société actuelle, qui pleure ses morts par un secret motif d'intérêt; mais qui oserait, comme Télémaque dans l'Odyssée, regretter que son père fût mort obscurément « car, dit le fils de Pénélope, on lui aurait élevé un tombeau *dont la gloire aurait rejailli sur moi ;* » ou se plaindre ainsi que Briseis : « Je pleure Patrocle, *car il m'avait promis de me faire épouser Achille ?* » Il y a là une naïveté grossière qui répugne profondément à notre délicatesse.

Cette naïveté rebutante est tellement empreinte dans les mœurs antiques, qu'un recueil d'hymnes, rédigés dans les derniers temps du polythéisme, répète presque invariablement cette formule au dernier vers de chaque oraison : « *et donnez-nous les richesses* [1], » tandis que la demande du pain quotidien regarde uniquement le nécessaire et se trouve à peine reproduite dans les prières chrétiennes. D'ailleurs, à considérer en général l'essor de l'esprit dans le sentiment religieux, à part quelques

[1] Hymn. Orph., 13, 14, 16, 18, 22, 35, 38, etc.

phrases de Platon, disciple d'un martyr, il n'y a pas une ligne dans les auteurs grecs qui puisse supporter un seul instant la comparaison avec les simples paroles des Eucologes chrétiens. Pour juger ce point, il suffit de mettre en regard deux compositions bien différentes, qui ont trait à un sujet analogue. La première est empruntée à Sophocle[1] :

« Amour ! invincible Amour ! tu subjugues les puissants, et tu reposes sur les joues délicates de la jeune fille ; tu règnes sur les mers et dans la cabane du berger ; nul parmi les dieux immortels, ni parmi les hommes éphémères, n'échappe à tes traits : celui que tu possèdes est en proie au délire.

« Tu entraînes les justes eux-mêmes dans le crime : c'est toi qui viens de semer la discorde dans une famille. Tout cède à l'attrait des yeux d'une jeune fille ; même au sein du pouvoir, l'amour siège à côté des lois suprêmes. Vénus, cette déesse invincible, se joue de nous. »

La seconde pièce est un sonnet chrétien dont aucune traduction ne pourrait rendre l'extase contenue et la mystique langueur[2] :

No me mueve, mi Dios, para quererte
El cielo que me tienes prometido,
Ni me mueve el infierno tan temido
Para dejar por eso de ofenderte.

Tu me mueves, mi Dios, muéveme el verte
Clavado en una cruz y escarnezido,
Muéveme ver tu cuerpo tan herido,
Muévenme tu afrentas y tu muerte.

Muéveme, en fin, tu amor de tal manera
Que aunque no hubiera cielo, yo te amara,
Y aunque no hubiera infierno te temiera.

[1] Antig., 750. Trad. Artaud. — [2] S. Teresa, *à Cristo crucificado.*

No me tienes que dar por que te quiera,
Porque si cuanto espero, no esperara,
Lo mismo que te quiero, te quisiera.

Les deux mondes, ancien et moderne, sont là tout entiers en présence. Dans le premier, l'amour est une passion sensuelle, qui doit son origine à la Beauté. Dans l'autre, cette notion inférieure est écartée : l'amour est une faculté du cœur, qui se renonce lui-même, pour plaire à ce qu'il aime, satisfait de son propre sacrifice, sans demander, sans vouloir de récompense. C'est l'Amour divin, faisant disparaître les impures images du polythéisme et les remplaçant par la colombe qui se nourrit du raisin mystique [1].

L'objection la plus grave que l'on puisse opposer à ce système d'un progrès de la notion morale, se tirerait de la considération des religions orientales, et particulièrement des systèmes indiens, où l'on retrouve, bien antérieurement au christianisme, une tentative religieuse analogue pour faire disparaître les castes, et, sans qu'on puisse leur fixer de date, presque tous les usages de l'Eglise chrétienne : la vie monacale, l'adoration des Saints, la confession auriculaire, la division en diocèses, l'emploi des cloches, instruments connus de toute antiquité à la Chine [2]. Un autre point plus important encore pour le philosophe, est le développement du sentiment religieux sous toutes ses faces, l'abnégation personnelle, exprimée par la plus rigoureuse discipline, l'abolition du supplice éternel par la réunion à l'Être-Suprême, éléments qu'on rencontre partie dans le Brahmaïsme, partie dans le Vichnouïsme, partie dans le Bouddhisme, dont les partisans, placés sou-

[1] Anaglyphe des catacombes de Rome, dans la collection de M. l'abbé Ozanam. — [2] Lun-Yu, ch. III, 24.

vent en Chine dans les positions les plus élevées, éprouvent pour le catholicisme une sympathie mystérieuse, tandis que la populace accuse les disciples de la « mauvaise religion de Jésus » d'arracher les yeux aux mourants [1].

Mais, sans vouloir examiner si d'abord l'Inde n'a pas manqué de ce caractère à la fois spéculatif et pratique qui distingue le christianisme, il convient de remarquer la profonde obscurité qui pèse sur les doctrines orientales au point de vue de l'exégèse comme sous le rapport chronologique. Rien n'empêche donc de considérer isolément la famille gréco-néo-latine, d'y constater le progrès, et ensuite de se tourner vers la famille indo-arienne pour la soumettre au même examen. Cette dernière a subi une loi de développement, c'est ce que personne ne met en doute; la seule difficulté consiste à savoir si les valeurs morales de ces diverses sociétés chrétienne, romaine, grecque, brahinaïque, bouddhique, peuvent être ordonnées suivant une progression numérique qui constate un incessant progrès dans l'idéal religieux. Or, c'est ce que l'examen des livres orientaux traduits jusqu'à présent démontre, selon nous, parfaitement.

Ce n'était sans doute pas une société sans amour que cette société indienne, au milieu de laquelle flottaient des maximes dont le christianisme ne répudierait ni la forme ni le fond : « L'homme vertueux doit imiter le sandal, qui parfume la hache qui le frappe. » — « L'homme vertueux est semblable à un arbre touffu qui, exposé lui-même aux ardeurs d'un soleil dévorant, procure de la fraîcheur aux autres en les couvrant de son ombre [2]. »

[1] *Annales de la Propagation de la Foi*, t. XXIV, p. 30. —
[2] Dubois, *Mœurs de l'Inde*, II, p. 196, 200.

Mais dans l'examen de tous les livres religieux de ce pays, on ne trouve nulle trace de la distinction qui doit subsister entre les forces variées de l'esprit, ni de la hiérarchie qui doit les caractériser. Ainsi, au milieu du grand mouvement catholique, on discerne ce qu'on pourrait appeler des courants divers, ayant leur force et leur beauté spéciales : le mysticisme de Gerson et de sainte Thérèse, le rationalisme de Scot et de saint Thomas, quelquefois abandonnés à leur impulsion propre, puis revenant tout à coup dans le lit commun pour ne pas altérer l'unité. Les ouvrages hindous, tels du moins que nous les possédons, ne représentent rien qu'un monstrueux mélange de toutes les facultés et de tous les sentiments : religion, mythologie, métaphysique, science embryonaire, tout y est fondu et confondu sous une forme où la minutie des détails révolte plus qu'elle ne satisfait, en semblant témoigner d'une classification qui n'existe pas. En outre, on y remarque une tendance extrêmement dangereuse à une exaltation mystique où l'individualité s'abîme et disparaît. Les livres ariens seraient tout à fait supérieurs aux écrits brahmaïques ou bouddhistes si l'on pouvait se fier à la traduction qui en existe aujourd'hui en France. Toutefois, pour se prononcer sur cette admirable religion, il faut attendre les derniers travaux de la critique.

Nous nous bornerons en conséquence à ce que nous avons dit sur le monde chrétien, où il serait facile de prendre chaque idée, chaque sentiment, et de faire voir, soit par la démonstration, soit par de simples rapprochements, combien l'intelligence humaine a progressé, sous une influence divine, depuis le point initial, et nous arrêterons ici ce trop rapide examen, ne sachant trop si nous avons suffisamment indiqué la voie nouvelle dans laquelle marche la société. La philosophie de l'histoire l'entraîne désormais, non plus dans le cercle de Vico, mais dans une spirale dont les deux extrémités se perdent au sein de l'inconnu, et qui reproduit fidèlement, sur chacune de ses courbes ondulées, les évolutions de l'âge antérieur, sans jamais refléter stérilement le même travail. De là cet enchaînement qui se retrouve dans l'antiquité comme de nos jours : religion, philosophie, scepticisme. De là ce caractère lyrique qui se rencontre également dans les hymnes du Rig-Véda, dans les hymnes orphiques, compositions tardives essayant une résurrection du polythéisme, et dans les poésies de Lamartine, où se dessine la renaissance de la société nouvelle.

Cette marche de l'humanité la conduit à un but qui est la manifestation de toutes ses facultés dans la sphère religieuse; vérité tellement évidente que le plus éminent défenseur de la philosophie naturelle, après avoir instauré un système social basé sur la science, a été conduit, de degré en degré, tout en niant l'existence de Dieu, à adopter presque identiquement les institutions du catholicisme primitif [1], témoignage éclatant de l'influence de la vérité sur un cerveau puissant et sur un cœur droit. Ainsi, la science et la théologie s'unissent pour reconnaître qu'il faut une religion [2], que l'ordre spirituel doit dominer l'ordre temporel [3], qu'il faut une caste spéciale pour enseigner le dogme [4], des églises pour contenir la foule [5], des sacrements pour l'envelopper tout entière dans l'idée divine [6], et l'espérance de vivre au-delà du tombeau pour donner à l'âme toute sa force et sa dignité [7]. Le jour n'est

[1] Aug. Comte, *Catéchisme positiviste*, Paris, 1852. — [2] Id. ib., p. 2. — [3] Id., *Politiq. posit.*, *passim.* — [4] Id., *Catéch. pos.*, p. 221.—[5] Id. ib., p. 205. — [6] Id. ib., p. 193. — [7] Id. ib., p. 201.

pas éloigné où les deux rivales s'entendront tout à fait.

Du reste, les ennemis les plus acharnés de cette réconciliation ne seront pas les vrais savants, auxquels leur lucide intelligence a déjà permis d'apprécier les effrayants ravages du système parcellaire qui pèse sur la société actuelle. Non. Les plus mortels adversaires de la religion ravivée seront ces esprits sans consistance, qui, incapables d'embrasser une pensée sérieuse, repoussent la contrainte d'une servitude morale, parce qu'elle gênerait les allures désordonnées de leur intelligence; soldats imbéciles, ils guerroient contre les idées supérieures par esprit de contradiction et de taquinerie; ils veulent « éteindre la lumière de Dieu avec leur bouche [1], » et quand ils ont persuadé à la foule qui les écoute l'inutilité des livres et des pratiques de morale, ils s'extasient de voir cette foule se retourner sur eux, livrée à la fougue des désirs cupides, et leur demander une part dans les biens de ce monde.

Mais qu'importe à la force inconnue qui mène toutes choses! Qu'importe à l'humanité progressive ce mauvais vouloir des esprits arriérés! Elle possède maintenant un idéal merveilleux d'amour et d'espérance, développé par toutes les religions qui ont passé sur le monde, en reflétant la première révélation, et ne l'abandonnera jamais, quelle que soit la forme dont l'avenir doive revêtir ses croyances. Dégagé de la grossièreté dans laquelle l'avait jeté la chute, l'homme a retrouvé, par une lente action de soixante siècles, une partie de ce que Dieu lui avait donné en un instant. Il a maintenant conscience de sa moralité, de sa dignité; son cœur contient une force qu'il di-

[1] Koran, ch. 9, v. 32.

rige à sa volonté vers les sphères supérieures ou vers le monde humain; il est libre, il est fort, parce que ses connaissances lui permettent aujourd'hui de lutter avec les énergies matérielles qui l'écrasaient autrefois; comme un fier oiseau, il peut déployer ses ailes dans le ciel de l'intelligence et le sonder à son aise, pourvu qu'il ne franchisse pas le périmètre tracé par une main invisible; car alors sa force disparaît, il se trouble, il s'affaisse sur lui-même, et, saisi de crainte à la vue de son néant, il demande à mourir.

Or, d'après l'expérience qu'il vient de faire, il est permis de croire à une direction plus sage, et, comme nous l'avons dit, le dix-neuvième siècle tout entier en est revenu à l'étude des idées religieuses. Il semble reproduire, dans sa marche, un plan tracé par un pouvoir supérieur : il lève de temps à autre les yeux vers cet idéal, et le copie à mesure dans son œuvre humaine, mais avec bien des imperfections. Tantôt il suit son impulsion propre pour construire le nouvel édifice; tantôt il se reporte vers le passé, essayant, retirant, replaçant chaque pierre après s'être assuré et de sa qualité et du lieu qu'elle occupe; puis, rattachant ces travaux lointains à l'essor plus récent de son activité, il construit ainsi la chaîne des temps, qui relie ensemble toutes les religions et tous les peuples.

Telles sont les idées qui ont dirigé l'auteur de la présente étude, esquisse d'un travail beaucoup moins restreint. Ayant dû, pour la rédaction de son œuvre, partir de principes, les uns exprimés à moitié, les autres sous-entendus, il lui a semblé utile de joindre à son livre une préface qui présentât ses idées dans leur ensemble, afin de fournir à chacun une occasion facile de les approuver ou de les combattre. Il s'inquiète peu du polythéisme en lui-même. Ce qui l'a surtout incité, c'est le désir de montrer comment, à mesure qu'on remonte les âges, la religion précise et arrêtée s'évanouit pour laisser entrevoir dans la personnalité confuse des conceptions premières un reflet du monothéisme. C'est aussi le désir de prouver que la véritable société polythéiste, non pas celle d'Euripide et d'Aristophane, reposait sur un système de morale très-arrêtée, et que la majorité des légendes impures semées dans la mythologie l'ont été assez tardivement; point essentiel, un peu oublié de nos jours, où l'on étudie la religion des Grecs dans les *Métamorphoses* d'Ovide. C'est enfin la satisfaction qu'il éprouverait s'il pouvait contribuer à prouver l'originalité du génie grec dans ses créations religieuses : non pas qu'il nie absolument les influences égyptiennes; mais ne voyant chez les Hellènes ni le zoomorphisme du hideux Panthéon thébain, ni le dualisme osirien, ni le système de transmigration importé vainement par les philosophes en opposition avec le bon sens populaire, l'auteur renverse la question, et transforme en détail accessoire ce qui était regardé comme une vérité fondamentale.

On s'étonnera peut-être que l'auteur n'ait parlé, dans cette étude, ni d'ethnographie, ni de linguistique. La première science l'intéressait peu, étant donné son point de vue, que la philosophie naturelle ne peut constater les origines de l'humanité. On s'évertuera vainement à chercher, en dehors du cercle tracé par les vérités religieuses, ce peuple primordial qui a dû donner son génie à toutes les branches de la famille humaine : il restera dans l'ombre, avec ces molécules primitives dont un savant espère constater l'apparition à la prochaine éruption. D'ailleurs, c'est par les langues seulement que l'ethnographie peut prendre un développement rationnel, et la philologie est encore trop imparfaite pour fournir des résultats assurés.

L'auteur chercherait plus volontiers, dans cette dernière science, des témoignages historiques, en se défiant toutefois un peu de la certitude qu'on a voulu fonder sur des analogies de mots et de constructions grammaticales; car s'il est étonnant d'observer la conformité des vocabulaires indo-germaniques, il ne l'est pas moins de remarquer que la langue latine s'est décomposée chez les Valaques, comme elle l'a fait en Espagne et en Italie, et pourtant là, il n'y a pas eu communication ; il ne l'est pas moins de constater qu'en allemand et en romaïque, par exemple, le futur s'est altéré identiquement, sans qu'on puisse supposer aucune relation de contact. Si d'ailleurs il y a dans les langues un grand nombre de mots qui semblent venir d'une souche commune, il y en a une quantité non moindre qui présentent des radicaux semblables avec des significations toutes différentes, phénomène qui n'a pas encore été éclairci.

Le seul caractère positif qui ait été constaté dans les langues, c'est qu'elles sont, comme l'homme, « teintes de la couleur du climat, » et qu'elles expriment à la fois l'aspect de la nature extérieure et ce qu'il y a de plus intime dans le génie des races. Un missionnaire[1], peu soucieux de linguistique sans doute, mais doué d'un instinct philologique très-sûr, a remarqué pour une tribu américaine, « que la difficulté qu'elle éprouve à marcher sur un sol mouvant semble avoir affecté son dialecte, et de même que ses pieds mal assurés pataugent dans la vase,

[1] *Annales de la Propagation de la Foi,* 1851, t. XXIII, p. 120. Lettre du P. Laverlochère.

de même sa langue ne bredouille que des sons mal articulés. » Cette ingénieuse observation est vraie pour toutes les langues et tous les dialectes, qui gardent quelque chose des émanations du sol. Mais si l'on veut se rendre compte de ce phénomène dans toutes ses variations, il faut, comme l'a dit de Maistre, considérer les patois préférablement aux langues régulières, pour la raison suivante, que l'illustre penseur n'a pas jugé à propos d'énoncer : sorties d'abord de la vie instinctive, les secondes stationnent dans les villes, où elles reçoivent un caractère rationnel et mécanique, en perdant leur spontanéité ; puis elles retournent vers les campagnes, où elles annihilent les dialectes originels. Ce mouvement s'étend d'ailleurs d'une contrée à une autre, de manière à constituer une sorte d'idiome européen, ayant une grande quantité de métaphores et de mots communs à divers pays, et faisant disparaître, par une lente progression, l'originalité de chaque race. Vainement quelques-unes des familles occidentales, comme la russe et l'allemande, s'obstinent à garder leur alphabet mystérieux pour empêcher la communication : les mots de souche latine s'insinuent peu à peu à Pétersbourg comme à Vienne ; et comme l'homme reçoit une âme avec une langue, les diverses vies instinctives des idiomes européens menacent de s'effacer.

Dans les patois, au contraire, où nulle tendance systématique ne vient gêner l'essor multiple de la pensée, la vie instinctive se révèle dans toute sa liberté première. Chez nous, peuples du Nord, la seule force du génie individuel donne une valeur à l'œuvre de nos poètes, qui chantent le printemps par ouï-dire, dans une langue qui ne le connaît pas. Chez les races méridionales, ou non encore soumises à l'action dissolvante de la réflexion, le *génie de la langue* se révèle au contraire d'une manière générale, et les poésies nationales, écrites par des mendiants inconnus, doivent leur charme au sentiment collectif qui les fait naître, à la vérité de l'impression involontaire. De là, la justesse de ce mot de Platon, suivant lequel le Poète *ne sait pas ce qu'il dit* [1]. A mesure qu'il prend conscience de la vie qui l'entoure, son œuvre perd en poésie ce qu'elle gagne en valeur intellectuelle.

Veut-on se rendre compte de la justesse de cette métaphore : *langue vivante,* et voir qu'un idiome est réellement un être organisé, ayant son irritabilité propre, son développement successif, et ses modifications toujours harmoniques avec son milieu ? Il n'est pas besoin d'aller bien loin. Qu'on parcoure, par exemple, une partie du Midi; en visitant successivement la Provence et le Languedoc on constatera, dans le patois de la première province, pays âpre, tout de rochers, une rudesse qui s'harmonise avec les durs calcaires et la grêle verdure des oliviers ; puis, dans le Comtat, district boisé, qui est comme une oasis au milieu du désert, la langue parlée s'adoucit tout à coup et recèle en elle quelque chose du murmure des eaux vives et de la fraîcheur des feuillages. Si, d'Avignon, l'on se rend ensuite dans le Gard septentrional, on voit reparaître une grossièreté qui semble insupportable aux nationaux du Comtat, et provoque leurs sarcasmes. Plus bas, cette âpreté s'évanouit : l'idiome languedocien retrouve, avec la merveilleuse fertilité du sol, une harmonie qui tient le milieu entre la souplesse de l'italien et la majesté un peu creuse du castillan.

[1] Plat. in Ion.

XXXI

Si, du reste, nous avons parlé un instant de ces dialectes, c'est que nous éprouvons une certaine tristesse à les voir mourir oubliés, dans un coin du pays natal. Mais l'influence du milieu est aussi visible dans toute autre famille d'idiomes et peut être constatée depuis les caractères les plus généraux jusqu'aux moindres faits de détail. Ainsi, ce n'est pas en vertu d'un simple hasard que les nations de l'Orient, totalement inaptes à l'étude des sciences, ont des langues énigmatiques comme elles, où les mots s'enchaînent les uns aux autres sans aucune ponctuation qui marque les stations de la pensée, tandis que la clarté de l'esprit occidental se révèle dans la construction analytique de nos idiomes. Ce n'est pas non plus fortuitement que ceux du Nord se parlent la bouche presque fermée, tandis que sous des climats plus doux, ils semblent s'épanouir sur les lèvres en multipliant les voyelles [1]. Les diverses langues ne manquent pas d'ailleurs de ces traits spéciaux qui paraîtraient n'appartenir qu'à la vie individuelle de l'homme, puisque celui-ci est le seul être qui possède le rire. Mais ne faut-il pas attribuer une personnalité aux idiomes en les voyant saisir avec une finesse profonde certains côtés faibles de telle ou telle nation? Ainsi le *soulier* (zapato) de l'Espagnol est devenu chez nous une *savate*, sa *tête* (cabeza) une *caboche*, pendant que le verbe *parler* (hablar) a été traduit par *hâbler*; de même, le *herr* (seigneur) allemand s'est métamorphosé en pauvre *hère*, le *ross* (coursier) en *rosse*, le *buch* (livre) en *bouquin*, le *land* (pays) en *lande*, etc. Il est vrai que, par échange, les Castillans ont fait de notre mot *parler* leur *parlar*, qui signifier *bavarder*.

[1] *Influencia de los climas de la America meridional*, par Brandin, Lima, 1826, p. 30.

La philologie est encore trop imparfaite pour qu'on puisse fixer la limite de l'influence extérieure et le point précis où l'originalité d'un peuple résiste aux circonstances du milieu. Mais ces deux assertions qu'une race exprime sa civilisation et son génie dans sa langue, et qu'elle modifie cette dernière au fur et à mesure de ses migrations, suffisent pour faire entrevoir l'importance possible de la linguistique. Par l'examen des idiomes, on refera l'histoire quand la science, au lieu de balbutier les alphabets orientaux, aura sous la main des éléments suffisants pour tirer des conclusions positives. L'histoire antégraphique se devinera bien moins par les traductions que par l'examen des langues elles-mêmes. L'on a commencé, pour certains idiomes de l'Occident, des travaux qui donnent une idée de la marche à suivre. Par exemple, en considérant l'anglais, qui possède treize mille trois cents mots saxons environ contre vingt-neuf mille huit cents mots romans, on pourrait affirmer *à priori* une invasion et une conquête, tandis que le caractère de la conjugaison, qui est restée saxonne, permettrait de soupçonner que la transformation du peuple vaincu a été purement extérieure. Au contraire, en considérant la langue romane, où, d'après les recherches de Fauriel, il ne reste que trois mille mots qui ne soient pas d'origine latine, on serait amené à conclure à une complète métamorphose, pendant que quelques mots arabes, jetés çà et là, éveilleraient l'attention, sans pouvoir conduire peut-être à une déduction positive.

Or, il est incontestable que des phénomènes de même nature ont dû se produire dans les idiomes de l'Orient antique, et qu'un jour on pourra refaire ainsi l'histoire de cette période, qui n'a eu ni écriture, ni hiéroglyphes, ni monuments. Nul doute qu'entré dans cette voie, on n'arrive à des résultats intéressants sur le symbolisme des premières races. Peut-être est-ce par ce moyen qu'on sera à même d'expliquer diverses circonstances obscures encore de la vie originelle de l'humanité, à l'époque où, ayant deux langues, la langue *des dieux* et celle *des hommes*, distinction exprimée non-seulement dans les poëmes homériques, mais aussi dans le Zend-Avesta [1], elle s'écarta du monothéisme pour parcourir, dans ses religions successives, l'échelle de la création, adorant d'abord la nature inorganique, puis se tournant vers la nature végétale, où se manifeste le premier degré de la vie, et enfin s'élevant à l'adoration animale, dont l'anthropomorphisme est le dernier terme chez les Grecs et les Indous. Quelques traces de cette évolution successive, le culte des Bétyles, celui du Lotus et du Gui, l'adoration de certains arbres, pratiquée en Chine à une époque très-tardive [2], les traditions qui anthropomorphisent la vie végétale par le système postérieur de la métempsycose, suffiront pour guider le philosophe. La même étude, s'étendant de la question de fond à la question de forme, jettera sans doute quelque clarté sur l'origine de l'écriture, soit hiéroglyphique, qui, tracée de haut en bas, reflète la forme rectiligne de l'arbre, soit alphabétique, qui représente une *forêt* chez d'anciennes races, dont le symbolisme attribuait à chaque lettre un nom d'arbre en particulier [3].

De ces diverses considérations, chacun peut conclure à l'importance de la philologie, en dehors même de la question d'origine. Si, comme nous le croyons, il est à jamais interdit de déterminer le point initial de la civilisation

[1] J. Reynaud, Encycl. nouv., *s. v.* Zoroastre. — [2] Lun-Yu, ch. III, 21. — [3] Marcel, *Alphabet irlandais.*

humaine, du moins pourra-t-on fixer par les langues des vérités ethnographiques d'un grand intérêt. Mais des années doivent passer encore pendant lesquelles d'habiles érudits étudieront les langues de l'Orient comme l'ont fait Bopp, Eichhoff, Kaltschmidt, etc., pour soumettre aux philosophes des éléments d'observation entièrement certains. Tant qu'une telle œuvre ne sera pas accomplie, la philosophie de l'histoire procédera avec la plus grande défiance, à cause de la facilité des fausses directions.

Mais, d'ailleurs, pour finir cette digression, quelle que soit la cause des variations du polythéisme, migrations de peuples ou essor naturel de la pensée, les phénomènes persistent, et le système de l'auteur influerait sur cette étude, mais non sur le travail qu'elle annonce. Y a-t-il eu des changements dans la religion de l'Hellade? Antérieurement à Homère, les conceptions titaniques ont-elles prédominé ? Avec Euripide et Aristophane, le polythéisme tombe-t-il dans une complète décomposition?

Voilà ce que l'auteur a dû se demander. Quant aux causes de ces diverses circonstances de la vie intellectuelle des Grecs, chaque homme est libre de les expliquer à sa fantaisie, puisqu'il sort du domaine réel pour entrer dans l'hypothèse.

Aussi, l'auteur, qui a essayé de reproduire la rigoureuse méthode des sciences naturelles, a-t-il divisé son livre en deux parties, une *Histoire du Polythéisme*, ou collection de faits, tels qu'ils existent dans les auteurs, et une *Introduction*, dont cette étude est un fragment, où il fait connaître son point de vue personnel. De la sorte, le public lettré pourra faire usage de son œuvre, sans être obligé de se laisser conduire par des préoccupations étrangères, ce qui est toujours dangereux pour la vérité.

Tableaux de concordance.

DIEUX-NATURE. I.

Ouranos	Ciel.
Gé	Terre.
Océanos	Océan.
Téthys, Pontos	Haute mer.
Poséidon	Mer ionienne (Neptune).
Thalassa, Amphitrite, Protée	Méditerranée.
Nérée, Thétis, Glaukos	Mer Egée.
Triton	Mugissement de la mer.
Scylla, Charybde	Brisants.
Océanides	Nymphes de l'Océan.
Néréides	— des mers.
Naïades	— des eaux douces.
Potamides	— des fleuves.
Pégées, Krénées	— des sources.
Limnades	— des étangs.
Nésiotides	— des îles.
Oréades	— des montagnes.
Dryades, Hamadryades	— des arbres.
Auloniades, Alséides, Napées	— des bois et des vallées.
Epirotes	— des continents.
Orè	Dieux-montagnes.
Potamoi	Dieux-fleuves.
Æther	Feu céleste.
Hélios	Soleil.
Séléné	Lune.
Astra	Constellations.
Titans, Hécatonchires	Volcans.
Cyclopes-Titans	Foudre.
Eos	Aurore.
Héméra	Jour.
Nyx	Nuit céleste.
Érébos, Tartaros, Hadès	Nuit souterraine (enfer).
Borée, Notos, Euros, Zéphyre	Vents cardinaux.
Zéphyritides	Brises.
Harpyes	Tempêtes.
Iris	Arc-en-ciel.
Néphélæ	Nuages.
Drosos	Rosée.

DIEUX-NATURE. II.

Démèter	Terre productrice (Cérès).
Perséphone	— (Proserpine).
Dionysos	Vin (Bacchus).
Héphæstos	Feu artificiel (Vulcain)
Horæ	Saisons (heures).
Priape	Force génératrice.

DIEUX TRANSFORMÉS

Aphrodite	Beauté. (Vénus).
Apollon	Divination.
Arès	Carnage (Mars).
Artémis	Diane.
Asclépios	Médecine (Esculape).
Athéné	Sagesse (Minerve).
Charites	Grâces.
Dioscures	
Eros	Amour.
Haïdès	Pluton.
Hébé	Jeunesse.
Hékate	
Héra	Mariage (Junon).
Hermès	Message (Mercure).
Hestia	Foyer (Vesta).
Ilithyie	Naissance (Lucine).
Kronos	Saturne.
Léto	Latone.
Muses	Chant.
Pan	
Pothos	Désir (Cupidon).
Rhée	
Zeus	Autorité (Jupiter).

DIEUX ABSTRAITS.

Ædos	Pudeur.
Æsa, Imarmène, Moira	Destin (Parque).
Até, Eris	Discorde
Anædia	Impudence.
Dicé, Némésis, Thémis	Justice.
Erinnyes	Furies.
Géras	Vieillesse.
Homonia	Concorde.
Hypnos	Sommeil.
Kratos	Force.
Nicé	Victoire.
Nomos	Loi.
Polémos, Enyo	Guerre (Bellone).
Thanatos, Kère	Mort.
etc., etc.	etc., etc.

ÉTUDE

SUR

LES VARIATIONS

DU POLYTHÉISME GREC.

CHAPITRE Ier.

EXPOSITION DE LA MÉTHODE.

§ 1er. — Définition de la mythologie.

La mythologie, abandonnée depuis le seizième siècle aux seuls érudits, commence à prendre une importance capitale dans la philosophie de l'histoire, véritable philosophie générale qui cherche à caractériser, par les traits de toute nature qui leur sont propres, les diverses évolutions sociales et les phases de ces évolutions. Cette science, qu'on nommerait mieux aujourd'hui philosophie de l'histoire mythique, représente les périodes pendant lesquelles les forces intellectuelles et physiques sont symbolisées sous une forme, et non point considérées d'une manière abstraite dans les croyances générales. C'est ainsi que Bauer a pu faire une mythologie hébraïque, et que le fameux de Maistre lui-même a parlé d'une mythologie chrétienne à propos de la partie légendaire du catholicisme. A mesure que la conception réelle de Dieu s'étend, elle dévore les conceptions subordonnées, jusqu'au jour où les symboles disparaissent dans le pur monothéisme, qui rend à l'esprit et à la nature leur vie impersonnelle.

§ II. — Division de la mythologie.

Ainsi définie, la mythologie se divise en deux branches capitales, la mythologie proprement dite ou science d'exposition des mythes, et l'herméneutique ou science d'interprétation. A vrai dire, cette dernière existe seule, puisque la première ne joue qu'un rôle transitoire; mais, cependant, l'une et l'autre exigent également l'attention de l'érudit et du philosophe. Si l'herméneutique a une valeur intellectuelle qu'on ne saurait accorder à la mythologie, qui n'est qu'une agglomération de faits, nonobstant, comme elle ne saurait opérer sur un cadre vide, une classification préalable des éléments est nécessaire, et c'est cette classification qui, appliquée à un système religieux particulier, fera l'objet de notre travail. D'un autre côté, on conçoit, sans qu'il soit besoin de le faire remarquer, combien la mythologie serait stérile si elle s'arrêtait à la seule exposition des faits; pure affaire de curiosité, elle tendrait même à atténuer notre estime pour les âges antérieurs, dont les symboles, dénués de sens, ne nous apparaîtraient plus que comme de bizarres caprices de l'imagination. La mythologie et l'herméneutique se tiennent donc étroitement, se complètent l'une par l'autre : aux érudits le soin d'amasser les matériaux que les philosophes mettent en œuvre.

Les deux éléments qui se combinent pour former la science mythologique sont, ce nous semble, suffisamment déterminés. Il reste maintenant à les considérer isolément et à développer le rôle propre de chacun d'eux.

§ III. — De la mythologie ou science d'exposition.

La mythologie ou science d'exposition a pour but d'assembler les mythes divers d'un peuple ou de plusieurs peuples, sans en chercher la valeur, sans les identifier entre eux; seulement, comme elle doit livrer à l'herméneutique des matériaux tout prêts à être mis en œuvre, la provenance des mythes, leur fusion, leur dégradation dans le cours des siècles sont de son domaine. Elle expose donc un système religieux en tenant compte des divergences dues au génie particulier de chaque peuplade, ainsi que des modifications amenées par le cours des âges, soit dans l'ensemble même du système, soit dans les détails secondaires qu'il embrasse. Il suffit de considérer un instant le caractère du polythéisme en général, pour se représenter les incessantes mutations d'une croyance qui, élastique en quelque sorte, admettait avec une égale facilité dans son sein les idées les plus hétérogènes et les plus contraires à son essor primitif. De là, la nécessité d'une échelle historique qui permette de remonter jusqu'au sommet du triangle.

Quelques éclaircissements sont nécessaires ici pour bien expliquer le mode de déroulement qui doit être suivi au milieu de cet inextricable labyrinthe, et les principes en vertu desquels la méthode procède. Toute exposition d'une croyance peut se réduire à la solution du problème suivant :

Étant donné le système religieux d'un peuple composé de souches différentes, le caractériser à l'état statique et à l'état dynamique : c'est-à-dire, le prendre au point le plus rapproché de son origine et l'exposer; puis suivre le cours des mutations qu'il a subies jusqu'à son extinction.

Comme on le voit tout d'abord, la logique imposerait préalablement la solution de plusieurs questions fort difficiles à résoudre. Ainsi, pour prendre un exemple dans le sujet qui nous occupe, si l'Orient a, ainsi qu'on le croit généralement aujourd'hui, peuplé l'Occident, la naissance des théogonies doit y être cherchée, et il semble qu'aucun travail sérieux ne puisse être entrepris sur la religion de l'Hellade sans qu'on ait déterminé les éléments qu'elle a apportés de l'Asie. Notre travail, qui a pour but de consacrer l'originalité du système hellénique, serait donc ruiné dans sa base. Voyons s'il en est ainsi et ce qu'on doit entendre par originalité des conceptions.

Les questions qui nous occupent, il faut le remarquer d'abord, remontant au delà de tout souvenir historique positif, et leurs solutions étant de pures hypothèses imaginées *à posteriori*, le témoignage des poëtes et des historiens de l'antiquité n'a d'autre valeur que celle d'une opinion individuelle et doit souvent être récusé, comme le prouvent les travaux d'Ottfried Müller sur l'antiquité grecque, et ceux de Niebuhr sur Tite-Live. Ce fait intellectuel, totalement ignoré jusqu'aux temps modernes, est aujourd'hui hors de doute. A me

1.

sure que l'humanité avance dans sa route, elle s'élève et élargit son point de vue.

Aussi nous importe-t-il fort peu de nous mettre en contradiction avec les auteurs de l'antiquité. En vain les témoignages réunis d'Hérodote, de Thucydide et de Diodore nous assurent que les Grecs primitifs ne différaient guère des animaux et menaient dans les forêts une vie sauvage, qui s'améliora peu à peu sous des influences syro-égyptiennes. Vainement aussi les mythographes modernes, s'appuyant sur ces textes, font-ils venir toute civilisation de la terre de Khémi. On conçoit facilement que certains érudits, qui passent leur vie à copier leurs devanciers, ne puissent admettre l'originalité chez un peuple ou dans un individu. Mais, sans vouloir faire le procès aux anciens ni aux modernes, pour neutraliser le dogmatisme de ceux qui s'inclinent devant les historiens du passé, nous nous contenterons d'opposer les Grecs à eux-mêmes.

Or, dans les plus anciennes traditions, les chefs civilisateurs de l'Hellade sont considérés comme aborigènes, comme autochthones, c'est-à-dire que, dans le sentiment des races, la culture propre à chacune d'elles était purement grecque. Ainsi, Égialée, qui donne des lois aux Sicyoniens, est un indigène, un autochthone [1]; ce qui veut dire, sans

[1] Paus., 2, 5, 5; 7, 1, 1.

doute, *né dans le pays même*, plutôt que *fils de la Terre*. Au fond, d'ailleurs, les deux expressions sont identiques.

De même Inachus n'est point Égyptien, mais autochthone [1], ainsi que Pélasgus [2], Ogygès [3], Lelex [4], Périphas [5], Cécrops [6], Cranaüs, [7], et Amphictyon [8]. Apis [9], duquel le Péloponèse prit son ancien nom d'Apia, était un Argien, divinisé plus tard en Égypte, suivant une opinion qui semble absurde, mais que le silence d'Hérodote et celui des monuments pourrait bien confirmer [10].

Quant à Cadmus, qui apporta quelques lettres d'Égypte en Grèce, les auteurs ne peuvent dire s'il était né dans la vieille cité d'Opht (Thèbes) [11], ou s'il était Phénicien[12]. Dans ce dernier cas même, Hérodote le fait venir de Tyr [13]; Euripide, de Sidon[14]. Mais ce n'est point tout encore; il reste à montrer que, dans les moindres détails, la tradition grecque n'abandonnait pas la question d'originalité aussi commodément que les philosophes. Pendant qu'Hérodote acceptait les ridicules bavardages des prêtres d'Égypte sur Hélène et ses malheurs, cha-

[1] Schol. Eurip. Or., 920. — [2] Apollod., 3, 8, 1. — [3] Müll. Orchom., 25, 128. — [4] Apoll., 3, 10, 3. — [5] Ant. lib. 6. — — [6] Apoll., 3, 14, 1. — [7] Id., 3, 14, 5. — [8] Id., 3, 14, 6. — — [9] Id., 2, 1, 1. — [10] Dict. myth. de Jacobi, trad. fr., *s. v. Sérapis*. — [11] Diod., 1, 2, 3. Paus, 9, 12, 2. — [12] Diod., 4, 2. Strab., 321, 401. — [13] Hérodot., 2, 49. — [14] Bacch., 171.

que contrée et chaque ville proclamaient hautement que, sans attendre l'arrivée des étrangers, elles avaient contribué pour leur part à l'essor général de la nation.

Il faut lire, dans la vie d'Apollonius de Tyane, écrite par Philostrate, avec quel mépris la Grèce, crédule encore, mais plus éclairée sur ses origines, traite la prétendue science de l'Égypte, subordonnant, avec raison, ce pays aux contrées asiatiques d'où la civilisation était partie pour atteindre, par l'Ethiopie, Thèbes et Memphis [1].

A la période pélasgique, mais sans qu'on puisse leur fixer de date approximative, appartiennent les curieux mythes qui présentent l'origine de la civilisation, et qui, souvent contradictoires, expriment la prétention de telle ou telle contrée de la Grèce à avoir précédé les peuplades voisines dans leur marche vers le progrès. Il ne sera pas hors de propos de jeter un coup d'œil rapide sur ces légendes.

En première ligne doit apparaître la science astronomique, la plus simple de toutes, celle dont les faits généraux se présentent pour ainsi dire de force à l'œil de l'observateur, et qui, d'ailleurs, par son utilité, a toujours tenu le premier rang

[1] Phil. Vit. Ap., lib. 6.

parmi les connaissances imparfaites des peuples encore enfants. Suivant les Grecs, c'est Atlas [1] qui a découvert la science astronomique. Quelquefois le Titan Prométhée lui enlève cet honneur [2]; la division des jours en heures est due aux Héliades, fils du soleil [3]. Nauplius, fils de Neptune, a découvert, le premier, une des constellations de l'Ourse [4]. D'autres traditions, relatives aux phénomènes astronomiques, se présentent encore dans les auteurs grecs; mais comme elles sont évidemment postérieures à l'état social représenté par Homère, nous ne les mentionnerons point. De ce nombre est celle qui attribue à Palamède la première explication des éclipses [5]. On voit clairement que les sophistes ont voulu attribuer au fils une gloire égale à celle du père.

Dans les arts médicaux, Prométhée [6], Apollon [7], Bacchus [8], apparaissent comme inventeurs, en concurrence avec Orphée [9] et un fils d'Apollon[10]. D'autres récits attribuent à la déesse Cybèle la médecine et l'art vétérinaire [11], et au devin Mélampe la connaissance des remèdes spécifiques [12].

Dans les arts agricoles, les légendes se pressent

[1] Paus., 9, 20, 3. — [2] Æsch. Prom., 445.— [3] Strab., 14. Diod., 5, 55. — [4] Theon. ad Arat. Phœn., 27. — [5] Serv. Virg. A., 2, 81. — [6] Æsch. Prom., 480. — [7] Æsch., Eum., 62. — [8] Paus., 10, 33, 5. — [9] Id., 9, 30, 3. — [10] Plin., 7, 56. — [11] Diod., 3, 58. — [12] Apollod., 1, 9, 11.

et les contradictions redoublent. L'agriculture a été enseignée aux hommes par Cérès[1], ou par Bacchus[2], ou par Kronos[3]. Minerve réclame aussi cet honneur[4]. D'autres fois ce sont des hommes, de simples mortels, qui ont fait ce don précieux à la race humaine : Pélasgus[5] ou Triptolème[6]. Mais l'agriculture se compose de parties différentes; la même confusion va se retrouver dans chacune. Il a fallu atteler les taureaux; qui l'a fait? Cérès[7], Sabazius[8], Minerve[9]. On nomme aussi deux héros athéniens : Buzygès[10] et Epiménide[11], ou encore un certain Homogyros[12], que les dieux frappèrent aussitôt de la foudre. Pour la charrue, elle est due à Cérès[13], à Minerve[14], à Bacchus[15], à Triptolème[16]. C'est Apis qui invente le labourage[17].

Le miel est donné par Bacchus[18] ou par Cérès[19]. Suivant une tradition plus simple, c'est Aristée[20] qui enseigne aux hommes à élever les abeilles. Minerve[21] inventa le râteau. Le pain a été fabriqué

[1] Apollod., 1, 5, 3. Ovid. Met., 5, 341. — [2] Diod., 3, 63. — [3] Arnob., 3, 29; 4, 9. — [4] Eustath. ad Hom., p. 1067, 27. — [5] Paus., 1, 14, 2; 2, 22, 2. — [6] Id., 7, 18, 2. — [7] Hyg., f. 277. [8] Diod., 4, 4. — [9] Tzetz. Lycophr., 520. — [10] Serv. Virg. G., 1, 19. — [11] Id., ib. — [12] Dict. myth., v° *Homogyros*. — [13] V. note 1. — [14] V. note 4. — [15] Diod., 3, 64. — [16] Plin., H. N., 7, 56. — [17] Dict. myth. de Bouillet, *sub voce*. — [18] Diod., 3, 64. — [19] Serv. Virg. Æn., 1, 434. — [20] Virg. Georg., 4, 283. — [21] Hesych., v° Ἱππια.

pour la première fois par Arcas [1], qui transmit sa recette aux Pélasges. Le fils de Callisto tenait le blé de Triptolème [2], qui l'avait reçu de Cérès; d'autres prétendent que celle-ci donna le froment à Cadmus [3]. Le fils de Célée avait reçu aussi l'orge de la déesse [4]. Celle-ci donne aux Phénéates toutes les plantes légumineuses [5], excepté les fèves. On se rappelle ici la fameuse prohibition pythagoricienne. Toutefois, on honorait en Attique un certain Cyamitès, pour avoir inventé la culture des fèves [6]. La *Bonne Déesse* [7] donna encore le figuier : c'est Phytalus qui le reçut d'elle [8]. L'olivier fut, dit-on, produit par Athéné, dans l'enceinte même de l'acropole [9]; il s'appelait Moria, et, coupé dans la deuxième guerre médique, repoussa instantanément [10]. Plus tard, c'est Hercule qui rapporte l'olivier des pays hyperboréens [11].

On ne s'étonnera pas de ces constantes divergences si l'on réfléchit à la signification de ces mythes, dont le sens est fort clair. Ainsi, à propos de la première culture du blé, on voit varier toutes les traditions, qui ne peuvent s'accorder sur le lieu où avait disparu Proserpine, chaque pays,

[1] Paus. 8, 4, 1. — [2] Id., ib. — [3] Diod., 4, 48; 5, 49. — [4] V. note 1. — [5] Paus., 8, 15, 1. — [6] Id., 1, 37, 3. — [7] Serv. Virg. Æn., 8, 314. — [8] Paus., 1, 37, 2. — [9] Herod., 8, 55. Apollod., 3, 14, 1. — [10] Herod., *loc. cit.* — [11] Pind. Ol., 3, 13.

chaque territoire prétendant avoir le premier mis l'agriculture en honneur au milieu de l'Hellade. La tradition la plus habituelle désigne la Sicile [1], mais elle est relativement récente, le culte de Cérès étant parvenu dans cette île par des colonies de Corinthe et de Mégare, et l'on voit figurer tour à tour le pays d'Enna [2], l'Etna [3], Érinée sur le Céphise [4], Colone en Attique [5], une île hispanique [6], Hermione en Péloponnèse [7], la Crète [8], le territoire de Pise [9], Phénée en Arcadie [10], Cyzique [11], la contrée de Nysa [12], les sources de Cyané [13]. Pourtant une des plus anciennes légendes affirmait qu'en Sicile, le sol fournissait naturellement et sans culture le blé, l'orge et le raisin [14]; aussi les Cyclopes étaient-ils regardés comme vivant sans aucune peine : *mener une vie cyclopéenne* signifiait, chez les Grecs, ne se donner aucun mal [15].

Suivant la tradition homérique, c'est Bacchus qui a donné le vin aux mortels [16]. D'autres légendes disent que le dieu leur transmit cette connais-

[1] Hyg., f. 274. Ov. Met., 5, 585. — [2] Diod., 5, 3.— [3] Hyg., f. 146. — [4] Paus. 1, 38, 5. — [5] Schol. Soph. Œd. Col., 1590.— [6] Orph. Arg., 1190. — [7] Apollod., 1, 5, 1. — [8] Schol. Hesiod. Theog., 914. — [9] Paus., 6, 21, 1. — [10] Con., n. 15. — [11] Prop., 3, 21, 4. — [12] Hymn. Hom., 16. — [13] Ovid. Met., 5, 410. — [14] Odyss., 9, 106, 115. — [15] Strab., p. 502-592. — [16] Hom. Il. 6, 132. Od. 18, 406.

sance par le moyen d'Icarius [1] ou de Thoas [2]. Au nombre de ceux qui cultivèrent les premiers la vigne, on trouve encore Œnée [3], Kronos [4], Eumolpe, qui inventa aussi la taille des arbres [5]; Staphylus, qui découvrit le raisin [6]; Maron, inventeur du vin de Maronée [7]; Ancée, qui planta le premier des vignes à Samos [8]; enfin Mélampe [9], Staphylus [10] ou Amphictyon [11], auxquels on attribuait concurremment d'avoir imaginé de mettre de l'eau dans le vin. Mystis inventa le thyrse [12].

La civilisation est de même attribuée tantôt aux êtres divins, tantôt à de simples mortels, ainsi que les arts qui en découlent. C'est la grande déesse Cérès qui l'a donnée aux hommes [13]; ou bien l'Athénien Cécrops [14], instituteur du mariage et de la législation en général [15]; c'est encore Cécrops et Ion, fils de Xuthus, qui ont divisé les Athéniens, l'un en douze tribus, l'autre en quatre classes [16]; Phréatus, héros athénien, institue le tribunal du Phréar [17]; les habitants de Chio achètent les premiers des esclaves [18]. Quant à la légende qui attri-

[1] Apollod., 3, 14, 7. — [2] Hyg., f. 74. — [3] Hyg., f. 129, 171. — [4] Plut. Parall. gr. et r., h. 9. — [5] Plin., H. N. 7, 53. — [6] Parthen., c. 1. — [7] Eurip. Cycl. — [8] Tzetz. Lycophr., 488. — [9] Eustath., p. 1816, 1. — [10] Plin. H. N. 7, 56. — [11] Eustath., p. 1815, 61. — [12] Nonn. Dion., 13, 120. — [13] Herodot., 2, 171. 6, 16. — [14] Apoll., 3, 14, 1. — [15] Eust., p. 1156, 40. Müll. Orchom., p. 123. — [16] Clavier, Biblioth. d'Apollod., 2, 88. — [17] Bouillet, Dict. myth., *s. v.* — [18] Athen. 6, p. 265.

bue à Kronos la civilisation italique, elle est sans doute postérieure aux temps homériques, puisque, d'après Homère, les Titans gisent enfouis dans le Tartare [1]. Il est curieux d'observer à ce sujet la transformation successive du mythe primitif. Dans Hésiode [2], si toutefois l'on adopte un vers contesté, Kronos règne sur les bienheureux dans les îles Fortunées; croyance qui est reproduite par Pindare [3], suivant lequel Zeus délivra les Titans [4]. Ainsi, l'influence des écoles orphiques avait peu à peu adouci la sévérité de l'ancien mythe pour le concilier avec les idées morales d'une époque plus raffinée, et Kronos, tiré du Tartare, reprend la dignité royale dont son fils l'avait privé [5]; le parricide est ainsi effacé de l'Olympe. Puis, comme les progrès de la navigation chassaient peu à peu devant les vaisseaux des Grecs ces terres mythologiques que nul ne pouvait entrevoir, ce ne fut plus dans les îles des Heureux que régna Saturne, mais dans une contrée occidentale, le *far West* de l'ancien monde [6], et enfin on le trouve en Italie, où il commence toute civilisation [7].

Au nombre des instituteurs de la vie sociale, on

[1] Hom., Il, 14, 279. — [2] Hes. Op. et D., 169. — [3] Ol. 2, 123. — [4] Ζεύς ἔλυσε Τιτᾶνας. — [5] Ottf. Müller. Hist. de la Litt. gr., 1, 232. — [6] Diod., 5, 66. Cic. N. D., 3, 17. — [7] Dion. Hal., 1, 18, 36. Aur. Vict. Or., 3. Macrob. Sat., 1, 7. Virg. Æn., 8, 3, 19.

rencontre encore Lycaon, fils de Pélasgus, en Arcadie [1]; Iolaüs, fils d'Hercule, en Sardaigne [2], et Apis, que des traditions contraires présentent tantôt comme un Égyptien qui donne des lois à ses compatriotes, tantôt comme un Grec du Péloponnèse qui porte la civilisation en Égypte [3].

Les premiers artistes furent les Telchines [4], qui fabriquèrent les premières images des dieux. Avant eux, sans doute, Athéné [5], Prométhée [6], Héphaestos [7], Phoronée [8], Pyrodès, en frappant un caillou [9], les Dactyles [10] avaient inventé ou découvert le feu, appliqué par eux à la fonte du fer et de l'airain, et par Athéné à celle du cuivre [11]. Cadmus avait aussi imaginé de fondre les métaux [12]. Dans l'île de Cypre, le roi Cinyre avait découvert les premières mines de cuivre [13] et inventé les tuiles, les tenailles, le marteau, le levier et l'enclume. Deux parents de Dédale, Talus et Circinus, se disputent l'invention de la scie, du tour, du compas [14]. A Dédale lui-même sont attribués la scie, le niveau, les vergues, les pliants [15].

[1] Paus., 8, 2, 1. — [2] Diod., 4, 29. — [3] Bouillet, Dict. myth., *s. v.* — [4] Strab., 14, p. 653. Callim., H. in. Del. 31. — [5] Plut. Kim., 10. Hom. Odyss., 23, 160. — [6] Hes. Theog., 571. — [7] Voss. in Virg. Ecl., 6, 42; Il. 21, 353. — [8] Paus., 2, 19, 5. — [9] Plin., 7, 50. — [10] Schol. Apoll. A., 1, 1126. — [11] Hom. Hymn. in Vener., 4, 7. — [12] Hyg., f. 274. — [13] Bouillet, Dict. myth. *s. v.* — [14] Apollod., 3, 15, 19. — [15] Paus., 2, 15, 1.

L'architecture fut donnée aux hommes par Prométhée [1]. Cependant Hestia, disait-on, la sainte Hestia, déesse du foyer, avait inventé les constructions [2]. Triptolème [3], Eumèle [4], roi de Patres, Phoronée [5] étaient honorés comme les premiers architectes. Deucalion, échappé du déluge, avait construit la première maison à Opus ou à Cynos [6]. Aras avait élevé, en Phliasie, la première ville [7]; et enfin le fameux chef des Minyens avait construit à Orchomène le premier trésor [8]. Triptolème [9] ou Trochilus [10], ou Philomélus [11], fils de Jasion, inventa le chariot; Érichthonius [12] ou la déesse Coria [13], le quadrige; Minerve inventa les chars [14]; Neptune [15] ou Trochilus [16], les attelages; le premier institua, en outre, la course en char [17].

La tonte des troupeaux et l'emploi de leur laine sont dus à Arcas, qui, instruit par Triptolème, transmit ces connaissances aux Pélasges [18]; les Méliens apprirent de Mélos à tondre les brebis [19]. Céléus, prêtre de Cérès, inventa les paniers [20];

[1] Æsch. Prom., 445. — [2] Diod., 5, 68. Eust., p. 735, 60. — [3] Paus., 7, 18, 2. — [4] Id., ib. — [5] Paus., 2, 15. Hyg., 274. — [6] Strab., p. 425. Schol. Pind. Ol. 9, 64. — [7] Paus. 2, 15, 5. — [8] Müll. Orchom., 239.— [9] Apollod., 1, 5, 2. Hyg., f. 147.— [10] Clavier, Bibl. Apoll., 2, 204.— [11] Hyg. Poet. Astr., 2, 4. — [12] Érat., c. 13. — [13] Parisot, Dict. myth., 2, 43. — [14] Plut. Kim., 10. — [15] Soph. OEd. Col. 712. — [16] V. note 10. — [17] Hom., Il. 23, 307. — [18] Paus., 8, 4, 1; 9, 2. — [19] Serv. Virg. Ecl. 8, 37. — [20] Parisot, Dict. myth., 1, 558.

Phidon, roi d'Argos, les mesures [1], attribuées aussi à Palamède [2], suivant des traditions posthomériques, ainsi que la monnaie [3]; Béliné, l'aiguille [4]. Une plus ancienne tradition rapporte à Minerve les travaux d'aiguille [5]. La broderie en soie est due à Pamphila, fille d'Apollon [6]; les fuseaux, à Closter, fils d'Arachné [7]. C'est encore Athéné qui a donné aux Athéniens l'huile des lampes [8]. Érichthonius introduisit à Athènes l'usage de l'argent; il tenait cette connaissance du roi scythe Indus [9].

La navigation est due à Athéné [10], à Prométhée [11], à Dédale [12]. Danaüs construisit le premier navire [13]. Éole [14] ou Icare [15] inventèrent les voiles.

Corythos [16] et Chalcos [17], fils d'Athamas, inventèrent, l'un le casque, l'autre le bouclier. Ætolus, fils de Mars, imagina d'attacher une courroie aux javelots [18]. Des traditions très-peu anciennes attribuent l'ordre des batailles, soit à Palamède [19], soit au dieu Pan [20]; cette dernière légende vient, sans

[1] Bouillet, Dict. d'ant., tab. n. 9. — [2] Schol. Eur. Or. 422. — [3] Id., ib.— [4] Hyg., f. 274. — [5] Hymn. Hom. in Ven., 7.— [6] Parisot, Dict. myth. v° *Pamphila*. — [7] Bouillet, Dict. d'ant., 1, 303. — [8] Herodot., 8, 55. — [9] Hyg., f. 274. — [10] Lycophr., 359. — [11] Æsch. Prom., 445. — [12] Paus., 2, 15, 1. — [13] Apollod., 2, 1, 4. — [14] Diod. Sic., 4, 5. — [15] Paus., 2, 15, 1. — [16] Ptolem. Heph., 2, p. 311. — [17] Müller's Gesch. H. St., 1, p. 132. — [18] Plin., 7, 56, 57. — [19] Schol. Eur. Or., 422. — [20] Parisot, Dict. myth. 3, 259.

doute, d'une allusion forcée à l'épithète Δικέρως, portée par le dieu [1] : on sait que le mot κέρας signifie en grec *aile* ou *corne*. Dans Apollodore, ce sont les fils d'Abas qui se servent les premiers du bouclier [2].

L'invention de la musique est attribuée aux Nymphes [3], aux Dactyles [4], au Phrygien Hyagnis [5], aux Muses [6], ou à Apollon [7], qui donnent aussi aux hommes la poésie; à Carius, fils de Jupiter, qui enseigne la musique aux Lydiens [8]. La mesure est due à Crotos, fils de Pan [9]; Linus invente la mélodie et le chant [10]; la muse Polymnie [11], l'harmonie; Orphée [12], le rhythme; Iambé [13], le vers ïambique. Le vers hexamètre a été découvert par la sibylle Phémonoé [14], ou par Orphée [15], ou par Phanothée, mère d'Érigone [16]. Arien composa le premier dithyrambe [17]; Ialémus, fils d'Apollon, inventa les chants funèbres [18]; Philammon, les nomes (chœurs dansants) du temple de Delphes [19]. Marsyas est

[1] Hom. Hymn. 7, 2. — [2] Apoll. 2, 2, 1. — [3] Bouillet, Dict. d'ant. *s. v. Carius*. — [4] Plut. de Mus., 5. — [5] Id., ib. — [6] Odyss., 8, 481. Hes. Theog., 22; Pind., n. 3, 1. — [7] Plut. de Mus. — [8] Parisot, Dict. myth., *s. v. Carius*. — [9] Hyg., f. 224. — [10] Diod., Sic. — [11] Schol. Apoll. A, 3, 1. — [12] Bouillet, Dict. d'Ant. *s. v.* — [13] Eustath., p. 1684, 48, 54. — [14] Plin. H. N., 10, 3, 3; Paus., 10, 6. — [15] V. note 12. — [16] Clem. Alex. Strom., 1, 366. — [17] Paus., 3, 25, 5. — [18] Hesych. *s. v.* — [19] Müller, Hist. de la Litt. gr., 1, 24.

auteur de trois nomes en l'honneur de Cybèle [1]; Hyagnis composa aussi pour la même déesse quelques chants religieux [2]. Daphnis [3] ou Stésichore [4] inventèrent la poésie pastorale. Chrysothémis chanta le premier chœur à Apollon Pythien [5].

Rhée ou Cybèle inventa les instruments à vent et le tambourin [6]. Au nombre des inventeurs de la flûte se trouvent Marsyas [7] et Olympus [8], suivants de la déesse, Minerve [9], Apollon [10], Cinyre [11], Ardalus, fils de Vulcain [12], Silène [13], Pan [14], Cadmus, qui la reçoit d'Athéné [15]. Pan a donné de plus aux hommes la conque marine [16]. C'est Mercure qui invente le chalumeau [17], ou encore Idis, berger sicilien [18]. La lyre est due à Apollon [19], à Mercure [20], à Polymnie [21], à Cadmus, qui la reçoit d'Hermès [22], à Amphion [23]. La cithare est due à Orphée [24] ou à Clio [25]. La trompette a

[1] Müller, Hist. de la Litt. gr., 1, 26. — [2] Id., ib. — [3] Parisot, Dict. myth., II, 85. — [4] Æl. v. h. 10, 18. — [5] Paus., 10, 7, 2. — [6] Diod. Sic. 3. — [7] Plut. de Mus.; Parisot, Dict. myth., *s. v.* — [8] Id., id. — [9] Apollod., I, 4, 2. — [10] Plut. de Mus. — [11] Plin. H. N.; Parisot, Dict. myth., 2, 24. — [12] Paus., 2, 31, 3. — [13] Strab. 10, p. 470. — [14] Hom. H., 7, 15. — [15] Diod., 4, 48 ; 5, 7. Serv. Ecl., 5, 20. — [16] Eratosth. Kat., 27. — [17] Clav. Bibl. Apollod., I, 333. — [18] Bouillet, Dict. d'ant. *s. v.* — [19] Callim., Hymn. in Del. — [20] Apoll., 3, 10, 2. — [21] Schol. Apoll. A, 3, 1. — [22] Diod., 4, 48; 5, 49. — [23] Hor. ep. 1, 18, 41. — [24] Erat., c. 24. — [25] Parisot, Dict. myth., II, 32.

été inventée par Minerve [1], par Tyrsénus [2] ou par Malée [3]; la pyrrhique, par Prylis [4] ou par les Dioscures [5]. Une autre danse, la Cycinnis ou mieux Sicinnis, est due à Sicinus [6] ou au satyre Cycinnius [7]. Les hommes ont reçu l'alphabet d'Orphée [8], d'Hercule [9], de Phénix Amyntoride [10], des Dactyles [11], de Cadmus [12]. Prométhée a inventé l'écriture et le calcul [13]; Minerve, les nombres [14]; les Dactyles, l'arithmétique [15]; Mnémosyne enseigna aux Grecs à raisonner et à nommer chaque chose [16].

L'équitation vient d'Athéné [17]. Le frein et la selle sont dus au Lapithe Péléthronius [18]; la peuplade à laquelle il appartenait a inventé le mors [19]. A la mort d'Azan, fils d'Arcas, on célébra les premières courses [20]. Mercure [21] ou Cercyon [22], ou Oricadmus [23] enseignèrent la lutte. Enfin l'invention du ceste est attribuée à Amycus [24].

De tous les faits qui précèdent, on pourrait tirer au moins cette conclusion : c'est qu'entre ces deux

[1] Paus., 2, 21, 3. — [2] Id., ib. — [3] Schol. Hom. Il., 18, 219. — [4] Tzetz, Lyc., 219. — [5] Athen., 4.— [6] Eust. ad Hom., 1942-7. Clem. Al. Strom. — [7] Bouillet, Dict. d'ant. — [8] Paus., 3, 5, 2; Diod., 3, 65. — [9] Plut. Q. R. 56. — [10] Tzetz. Chil., 12, 68. — [11] Isid. Sév.— [12] Herod., 5, 58.— [13] Æsch., Prom., 445.— [14] Liv. 7, 3. — [15] V. note 11. — [16] Diod Sic. — [17] Plut. Kim. 10 — [18] Plin., 7, 56. — [19] Bouillet, Dict. d'ant. *s. v.* — [20] Steph. Byz. *s. v.* Azania. — [21] Serv. Virg, 8, 138. — [22] Bouillet, Dict. d'ant. *s. v.* — [23] Æl. H. V. XI, 1. — [24] Clavier, Bibl. Ap. II, 175.

opinions contraires, la spontanéité de la civilisation hellénique ou sa transmission par l'Égypte, soutenues également par des auteurs grecs, on est libre de choisir à son gré telle idée paraissant plus conforme aux données de la raison.

Étant donné, d'ailleurs, le fait d'une communion entre deux peuples, et ce fait remontant au delà de toute époque historique certaine, cette communion ne laisse aucune trace valable chez les historiens; et le mouvement intellectuel de deux races séparées après un contact très-distant peut être regardé comme original, en ce sens que chacune des races a développé le point commun suivant son génie propre. Prenons un exemple dans le culte arien.

Suivant M. J. Reynaud [1], « les Nackas distinguent nettement deux périodes très-différentes dans l'histoire du culte, celle des Poériotkaëchna ou hommes de l'ancienne loi, et celle des Nabânadista, hommes de la nouvelle loi. La première correspond à l'époque où l'Inde et l'Ariane n'avaient encore qu'un seul et même culte. Il est difficile de préciser le caractère de ce culte, mais il est certain qu'Ormuzd ni Zoroastre ne s'y rattachent en rien. Le Dieu suprême y est conçu sous le sym-

[1] Encyclopédie nouvelle, *s. v.* Zoroastre.

bole de Hom (Haoma), et sa représentation sensible est le suc de cette plante, employée dans les sacrifices. Les livres brahmaïques portent des traces évidentes de l'antique suprématie de ce Dieu (Soma, en sanskrit), comme on peut s'en convaincre en parcourant le Rig-Véda. On ignore à peu près quelles sont les divinités inférieures qui s'échelonnaient sous le dieu Hom : on ne connaît pas davantage les traits généraux du culte. Il paraît cependant qu'à cette époque le feu, l'eau, l'urine de bœuf, jouissaient déjà de prérogatives particulières. Il paraît aussi qu'on adorait les Dévas (Daévas), Indra, les Açvins, regardés plus tard, dans le Mazdéisme, comme des puissances funestes, le dieu Mithra. D'un autre côté, en comparant les Védas aux Naçkas, on y trouve des traces évidentes d'une communauté de culte et d'une scission religieuse qui s'accomplit à une époque inconnue, mais synchroniquement à l'apparition de Zoroastre. Les Dévas, qui, dans les Védas, sont les divinités bienfaisantes, dans les Naçkas, sous le nom de Daévas, sont les puissances ennemies de l'homme. Le nom du dieu Ahura, dans le Zend, identique avec Açoura, noms des génies du mal aux Indes, apparaît dans les Védas, appliqué en bonne part au dieu Varouna. Indra, Siva sont maudits dans les Naçkas. Naonghaithya (Nâsatya, en sanskrit), l'un des Açvins, est maudit dans un endroit des mêmes livres et loué dans un autre. D'autres divinités, telles que Mithra et Hom, sont également invoquées dans les livres ariens comme dans ceux des Hindous. De ces faits divers, il résulte que les deux religions brahmaïque et mazdéenne, identiques dans l'origine, se séparèrent à l'époque de Zoroastre. Cette époque, dite période des Nabânadista, ou hommes de la nouvelle loi, se distingua par l'apparition du culte d'Ormuzd : le Rig-Véda la symbolise par une prétendue scission entre Manou et son fils Nabhânedichta ; d'autres traditions, par la guerre des Açouras et des Dévas. »

Résulte-t-il de ces analogies éparses qu'il n'y ait point eu de travail intellectuel chez chacune des familles, et surtout peut-on, au milieu de notions aussi confuses, identifier, dans l'état actuel de nos connaissances, aucune espèce de conceptions hindoues avec les conceptions grecques ?

Sans nous jeter, du reste, dans l'examen de la question religieuse, la plus difficile de toutes, et que nous réservons pour notre grand ouvrage, faisons encore une observation, en éclairant notre théorie par une vue rapide du développement de l'art grec. On avoue bien, nous l'espérons, que les Hellènes n'ont appris de personne à sculpter la

Vénus de Milo et le Jupiter Olympien ; par la seule force de leur génie, ils s'étaient élevés juqu'à la plus admirable perfection, ayant pour modèles, dit-on, les informes idoles des Égyptiens. Mais était-il donc plus difficile d'aller du point de départ à ces grossiers essais [1] ?

Or, là où les monuments et les signes nous manquent, quelques documents écrits nous restent, d'après lesquels nous voyons clairement la progression qui a élevé les Grecs du naturalisme primitif, créé peut-être dans l'Asie centrale, au brillant polythéisme de Phidias et d'Alcamène. Au milieu même de son élégante civilisation, l'Hellade gardait encore quelques souvenirs de ce premier culte. Les bétyles, qui étaient sans doute, soit des aérolithes, soit des blocs erratiques, étaient pieusement révérés dans certaines localités : le vulgaire voyait en eux l'image du Dieu replié sur lui-même, non encore dégagé de la gangue. Une de ces pierres se trouvait près du temple de Delphes, où on l'oignait d'huile quotidiennement [2]. Au nombre des bétyles, on trouve encore la statue de Cybèle à Pessinonte [3], celle de Vénus à Paphos [4], celle du Soleil (Élagabal) adorée à Émèse [5], celle des Grâces à Orchomène [6].

[1] Cf. Paus., 4, 42, 5. Champoll Égypte, p. 264.— [2] Paus., 10, 24. — [3] Herodian., 1, 35. — [4] Lachau, Dissert. s. Vén., 451. — [5] Parisot, Dict. myth., 2, 155. — [6] Paus., 9, 38, 1.

Se développant suivant les trois termes de cette progression, la pierre, le bois, le métal, qui représentent à peu près la hiérarchie des trois règnes, puisque le bronze est une création de l'homme, l'art grec fit un premier pas en sculptant les *Kiones*, ou Dieux-piliers, sous la forme de grosses pierres équarries.

Un second perfectionnement fut d'ajouter une tête à ces grossiers symboles et de dessiner les bras et les jambes, sans les détacher encore de la masse du corps. Les dieux semblaient ainsi être enveloppés de manière à ne pouvoir s'agiter : de là, les bandelettes d'Ilithyie et de Diane Ephésienne, et le cordon de laine qui attachait les pieds de Saturne [1].

Les statues de bois durent être dans l'origine aussi informes que celle de Picus, dont parle Denys d'Halicarnasse [2], et qui consistait en un simple pilier dressé. L'image des Dioscures, à Sparte, se composait de deux poutres réunies par deux traverses [3], informe symbole de la vie commune des deux héros. Une famille d'artistes, du nom de Dédale, car la tradition a rassemblé sur un seul individu les travaux de différents personnages [4],

[1] Arnob., 4, 24; Lucan., 3, 115; Paus., 1, 18, 5. — [2] Dion., 1, — 141. [3] Plut. De Amore frat. — [4] Jacobi, Myth. Worterb. *s. v. Dædalos*.

améliora la sculpture en bois, en détachant les bras et les jambes du corps de la statue, et en marquant les yeux. L'antique Palladium, tombé du ciel, suivant la croyance vulgaire, était antérieur à ces essais; car, suivant Apollodore [1], il avait les jambes unies.

Nous trouvons, dans les auteurs, des statues de bois consacrées à Mercure Cyllénien (en bois de cèdre) [2], à Dionysos Cephallen (en bois d'olivier) [3], à Minerve (*id.*) [4], à la même déesse (en bois de lierre) [5], à Apollon Cumæus [6], à Diane Laconienne (en bois de laurier) [7], à la même (en bois de cèdre) [8], à Esculape (en bois d'osier) [9], à Jupiter [10], à Rhée (en bois de pampre) [11], etc.

Les images des Grâces, à Élis, reproduisaient les premières traditions de la statuaire unies à de nouveaux perfectionnements. Elles étaient faites de bois taillé, avec des têtes, des pieds et des mains de marbre blanc, et, en outre, elles portaient un manteau d'or [12]. Toutes ces figures de dieux représentaient l'une des époques les plus anciennes du culte; c'est ce qu'on voit clairement, et par les voiles ou bandages qui enveloppent le

[1] Apollodor., 3, 12, 3. — [2] Paus., 8, 17, 1, 2. — [3] Id., 10, 19, 2. — [4] Id., 1, 26. — [5] Id., 2, 29, 1. — [6] Serv. V. Æn., 6. — [7] Paus., 3, 24, 6. — [8] Id., 8, 13, 2. — [9] Id., 3, 14, 7. — [10] Id., 2, 19, 6. Hyg., f. 170. — [11] Euphor., fragm. — [12] Paus., 6, 24, 5.

torse, ainsi les statues d'Ilithyie à Athènes et à Ægium [1], et par des traditions mystérieuses qui ordonnent, pour faire cesser de cruels fléaux, d'ériger des statues « qui ne soient ni de pierre ni d'airain, mais en noble bois d'olivier [2]. » Comme si, en reprenant ses premiers essais, auxquels avaient succédé des développements esthétiques, toujours synchroniques de la corruption des mœurs, la nation pouvait retrouver sa vertu première et le calme un peu rude de la période pélasgique. Nous pourrions nous étendre davantage et chercher quelles idées nouvelles avaient *pénétré* dans la Grèce, ou en avaient *jailli*, lorsque Léarchus de Rhégium imagina le premier de faire une image de bronze, et cisela un Jupiter composé de pièces assemblées avec des clous, travail certainement postérieur au célèbre chœur d'Ariadne [3] et aux figures du tombeau de Corèbe, les plus anciennes images de marbre qu'ait vues la Grèce [4]. Il nous suffit d'avoir indiqué rapidement la lente progression qui, dans tous les ordres de la vie, amena les Grecs de leur état primitif à leur brillante civilisation, puisque ce développement graduel ne porte point de traces essentielles d'une

[1] Paus., 6, 23, 5. — [2] Herodot., 5, 82-86. Paus., 2, 30, 5. — [3] Jacobi, Myth. Worterb., p. 216. — [4] Paus., 1, 43, 7.

influence étrangère, s'il faut s'en rapporter à la fois aux traditions helléniques et à la raison.

Maintenant, il resterait à savoir ce que signifie au juste cette expression d'*état primitif*, et quels matériaux les Grecs avaient emportés de l'Asie centrale pour les développer à leur aise sous un ciel qui leur convînt. Mais cette question est encore prématurée.

Nous emprunterons à un savant de l'Allemagne, dont le précieux travail nous a fourni une grande partie des textes de cette étude, une dernière observation.

Les races, oublieuses de leur origine, la cherchent à l'étranger : ainsi les Grecs prétendent tout recevoir de la Phénicie, et, après avoir porté la Minerve Tritonienne en Libye, l'accueillent ensuite comme une divinité d'origine africaine [1]. De plus, les analogies qui existent entre des créations étrangères aident à cette opération. Deux races adorent un Dieu analogue, comment l'un ne viendrait-il pas de l'autre? Ainsi les Romains trouvent en Gaule un Dieu analogue à Hercule ; c'est Hercule, et ils ajoutent à la légende du fils d'Alcmène des détails biographiques sur sa vie dans les Gaules, comme ils en avaient ajouté, en l'acceptant des Grecs, sur sa vie dans le Latium.

[1] Jacobi, Myth. Wort. *s. v.* Athéné.

Si nous pouvons nous baser sur les considérations qui précèdent, la solution du problème que nous poursuivons sera sans doute facilitée par les énoncés suivants :

Qu'un peuple soit ou non originaire de l'Orient, la question importe peu quant à l'étude mythologique, puisque entre le point de départ de la scission et les premiers documents écrits toute une période s'est écoulée, qui a déterminé la formation d'une religion propre à chaque race. D'ailleurs, toute identification est impossible tant qu'on n'a pas déterminé l'élément générateur dans ses diverses mutations.

Les systèmes religieux de chaque peuple se décomposent en plusieurs systèmes partiels, conçus nécessaires par l'intelligence, mais indéterminables pour la plupart. Ces systèmes sont particuliers à chaque famille, de sorte qu'en appelant état statique l'époque d'une fusion plus ou moins avancée, on peut toujours reporter cet état statique à une époque antérieure, et concevoir un état dynamique qui l'a produit. C'est-à-dire que, suivant les lois de la vie, on ne trouve dans aucune croyance un temps de repos. Chacune d'elles se modifie incessamment, soit par le fait d'un travail spontané, soit par la communication avec des croyances voisines. Mais, comme les groupes primitifs sont à peu près insaisissables, pour établir la science d'exposition, il faut fixer une époque capitale, et, tout en déterminant les éléments primitifs qui l'ont composée, on doit la regarder comme le pivot autour duquel s'agite tout le système.

§ IV. — De l'herméneutique ou science d'interprétation.

Nous n'avons point à nous occuper de cette science, qui doit former l'objet d'un travail spécial; nous nous contenterons de renvoyer, pour ce qui la concerne, aux observations contenues dans le paragraphe suivant.

§ V. — Résumé de la méthode.

En généralisant maintenant ces formules et en les appliquant à l'ensemble de la science, nous nous résumerons en quelques lignes.

Chaque peuple a sa mythologie, et chacune de ces mythologies particulières subit des variations amenées par le cours des siècles dans tout le système ou dans des points partiels.

Les idées naissent, croissent, vieillissent comme l'humanité et comme l'homme; pour les comparer entre elles, il est important de rapprocher les mêmes nuances, les mêmes âges, sous peine d'erreurs grossières et de conclusions précipitées. Ce sont ces éléments qui, soigneusement élaborés, seront mis en œuvre par les philosophes. De cette double opération seulement peut naître une science véritable, fondée sur l'observation des faits, et constituée par les déductions qui en découlent. La saine méthode consiste donc en un examen analytique des éléments, suivi d'une synthèse qui les explique et les embrasse dans leur ensemble. Après un semblable travail exécuté, suivant ce double point de vue, sur chacune des religions de l'antiquité classique et sur celles de l'Orient, l'esprit, suffisamment éclairé, établit une synthèse générale, et, s'il y a lieu, une complète identification.

CHAPITRE II.

APPLICATION DE LA MÉTHODE.

—

§ Ier. — Triptolème.

Il nous reste, maintenant que nous avons tracé la méthode, à examiner comment elle a été suivie par les mythologues, qui se divisent en deux classes, les mythologues purs et les symbolistes. On doit l'avouer, les premiers n'ont pas été plus heureux que les seconds, si ce n'est en Allemagne, et leurs travaux, sauf ceux d'un petit nombre, sont complétement erronés. Ce point n'est pas difficile à prouver.

Le procédé mis en œuvre par les philologues du seizième siècle, et qui trouve son analogue dans l'antiquité, au moins chez les mythographes romains, — car Hérodote, Pausanias, Apollodore, Plutarque, ne manquent jamais de rapporter les divergences des traditions ; — le procédé des philologues consiste, disons-nous, à amalgamer les légendes de tout pays et de tout âge, et à en former une sorte de symbole de foi, comme si, depuis Homère jusqu'à Ovide, les peuples de l'antiquité avaient uniformément professé la même croyance et vécu dans le même cercle de créations imaginaires. Rien n'est plus faux qu'un semblable point de vue, et depuis longtemps l'Allemagne a donné l'exemple d'une méthode bien supérieure.

Quelques exemples vont faire ressortir l'inconvénient du système ordinaire.

Nous lisons dans un dictionnaire mythologique : « Triptolème, fils, selon les uns, de l'Océan et de la Terre; selon d'autres, de Trochilus, prêtre d'Argos, et, selon l'opinion la plus accréditée, de Célée et de Néera. Sa mère est appelée, par quelques-uns, Métanire, Cothonie, Hyone, Mélanie ou Polymnie. Il naquit à Éleusis, ville d'Attique. Célée, son père, avait donné l'hospitalité à Cérès, lorsqu'elle était à la recherche de Proserpine. La déesse, par reconnaissance, prit un soin particulier du fils de Célée. Elle le nourrit de son propre lait, et le mettait, pendant la nuit, sur des charbons ardents pour le purifier de ce qu'il avait de mortel. Mais l'enfant croissait à vue d'œil et d'une manière si extraordinaire, que Néera eut la curiosité de voir ce qui se passait. Voyant Cérès prête à mettre son fils sur un brasier, elle fit un grand cri, qui empêcha la déesse de continuer. Cérès, ne pouvant le rendre immortel, voulut du moins lui témoigner son affection en lui enseignant à ensemencer la terre et à faire du pain. Elle lui donna aussi un char traîné par deux dragons, avec lequel il parcourut toute la terre, afin d'enseigner l'agriculture aux hommes. Il faillit perdre la vie dans la Scythie. Lyncus, roi de la contrée, ayant conspiré contre ses jours, fut changé en lynx. De retour dans sa patrie, Triptolème rendit à Cérès son chariot et institua, à Eleusis, des fêtes et des mystères en son honneur. Il obtint les honneurs divins après sa mort. Quelques auteurs croient qu'il accompagna Bacchus dans les Indes.»

Puis viennent les indications suivantes :

« *Orphée* — *Musée* — *Apollon. de Rhod.* 3. *v.* 242. *Apoll.* 2. *c.* 5. *Callim. Hymne à Cer.*, *v.* 22. — *Ov. Metam.* 5, *v.* 645. *Fast.* 4, *v.* 501. *Trist*, 3; *El.*, 8, *v.* 1. *Diod. de Sicile*, 1. *Hyg. f.* 147. *Stace*, *Theb.* 2, *v.* 382. *Paus.* 2, *c.* 14. *Justin* 2, *c.* 6. *August. C. de D.* 18. *c.* 13 [1]. »

Ce qui, si nous concluons avec justesse, signifie que la légende rapportée plus haut eut cours pendant 1700 ans, à prendre le minimum des an-

[1] Bouillet, Dict., d'ant., *s. v.*

nées, en Égypte, en Thrace, en Sicile, en Grèce et en Italie. Cette unité de croyances produirait l'admiration, si l'on ne s'avisait de la suspecter. Considérons les choses d'un peu plus près, et voyons s'il y avait réellement une légende commune, nous ne disons pas en Égypte et en Grèce, mais parmi les Grecs mêmes des divers âges.

Les Hellènes regardaient Triptolème comme l'inventeur de la charrue, comme le propagateur des sciences agricoles et de la civilisation qui en découle, et lui attribuaient une grande part dans l'institution du culte d'Eleusis [1]. Aussi, ne doit-on pas s'étonner de la complexité et de la confusion des légendes qui regardent ce personnage fabuleux. Chaque pays se disputant la gloire d'avoir, le premier, mis en honneur l'agriculture, s'efforçait d'appuyer ses prétentions par des récits merveilleux, comme on le voit à propos de la disparition de Proserpine [2]. La fable de Triptolème, liée étroitement à celle de cette déesse, devait, ainsi qu'elle, subir des déplacements nombreux, qui paraissent cependant n'avoir pas dépassé, dans les auteurs grecs, l'Hellade, et principalement l'Attique, le pays le plus fertile de l'ancienne Grèce. Hors d'état d'apprécier suffisamment l'ancienneté

[1] Plin., 7, 56. Virg. G., 1, 19. — [2] Jacobi, Myth Wort, *s. v.* Persephone.

respective des traditions relatives à la naissance de Triptolème, éparses dans Pausanias et dans les autres auteurs, nous devrons nous contenter d'une approximation fondée, non pas sur un rigoureux ordre chronologique, mais sur une filiation évidente d'idées. Pour cela, nous diviserons ces traditions en deux ordres : les unes, entièrement insolites, telles que celles qui font de Triptolème un fils de l'Océan et de la Terre, ou de Trochilus et d'une Eleusinienne, ou de Rharus et d'une fille d'Amphictyon, ne paraissent ici que pour mention [1], sans que nous cherchions à en apprécier la valeur. Les autres, souvent en désaccord, il est vrai, mais se rattachant les unes aux autres par une relation d'idées naturelles, vont être exposées en ordre, suivant le mode que nous avons énoncé.

En général, selon la mythologie gréco-romaine, syncrétisée comme nous venons de le voir, Triptolème est fils de Célée et de Métanire, et Cérès l'élève [2]. Mais l'une des plus anciennes traditions, conservée dans l'hymne homérique adressé à cette déesse, relate une opinion toute contraire. D'après cette remarquable composition [3], Triptolème était, lorsque Cérès se rendit à Éleusis, un des premiers personnages de cette ville, et connu par sa sa-

[1] Hyg., f. 147. Apollod., 1, 5, 2. Paus., 1, 14, 2. — [2] Serv. Virg. G., 1, 19. — [3] Hom. H. in Cer., v. 153, 474.

gesse. Il n'était nullement allié par le sang au roi Célée; du moins l'auteur de l'hymne n'en dit rien. Même silence sur son éducation par Cérès ou Démèter, éducation qui est transportée au jeune Démophon, fils de Célée et de Métanire. La déesse fit croître cet enfant avec une beauté égale à celle des dieux, en le frottant d'ambroisie et en l'animant de son souffle. Elle ne souffrait pas qu'il mangeât ni pain ni lait. La nuit, à l'insu de ses parents, elle le couchait, comme un tison, dans un ardent foyer. Pindare rapporte la même chose de Thétis élevant son fils Achille [1]. Démèter voulait affranchir Démophon de la vieillesse et de la mort. Mais, détournée de ses projets par l'imprudence de la mère, qui osa l'épier une nuit, elle ne put procurer l'immortalité à son fils adoptif, et se contenta de lui promettre une grande félicité. Ensuite, lorsque Rhée eut su l'apaiser par ses prières, « la déesse enseigna aux rois chefs de la justice, à Triptolème, à Dioclès, écuyer habile, au courageux Eumolpe, à Célée, pasteur des peuples, le ministère sacré de ses autels; elle confia à Triptolème, à Polyxène, à Dioclès les mystères sacrés qu'il n'est permis ni de pénétrer ni de révéler. » Ainsi, suivant l'hymne homérique, Démèter

[1] Pind., N. 3, 45.

n'eut aucune part à l'éducation de Triptolème, qui était déjà vieux lorsque la déesse visita Éleusis.

Une tradition, rapportée par Pausanias, reproduit ces données, en changeant le nom des personnages, et en ne mentionnant même pas celui du prétendu fils de Célée : Démèter se rend à Égialée sous les vêtements d'une étrangère, et demande l'hospitalité à Plemnæos, dont tous les enfants mouraient en naissant; en récompense de son bon accueil, elle lui élève un fils, Orthopolis [1].

Postérieurement à l'hymne homérique, diverses généalogies données à Triptolème semblent dénoter une tendance, qui se manifeste souvent dans les légendes du polythéisme, à relier de plus en plus entre eux les personnages du mythe : ainsi, Triptolème est fils de Dysaulès, frère de Célée, et a pour frère Eubuleus; ou bien il est parent de Célée, dont la fille Sæsara a épousé son fils Crocon. On le donne encore comme le jeune frère de Célée [2]. Ces diverses traditions sont évidemment peu anciennes; elles semblent un commentaire, comme on en faisait dans les âges postérieurs, sur un nom perdu dans un antique poëme. Cette hypothèse prend encore du poids en face des détails minu-

[1] Paus., 2, 5, 5; 11, 2. — [2] Hyg., f. 147; Apollod., 1, 5, 2; Paus., 1, 14, 2; Voss zu Hom. h. in Cer., 153.

tieux de parenté, dont l'hymne homérique ne dit pas un mot.

Dans Apollodore [1], la tradition flottante s'affermit tout à coup. Triptolème est fils aîné de Célée et de Métanire (Polymnie, Cothoné, Cyntinée, Hyone ou Néère [2]). Il a un frère, Démophon, qui est brûlé par Démèter au moment où elle est interrompue dans son opération mystérieuse. Pour consoler la famille, la déesse donne à Triptolème un char attelé de dragons ailés, et la semence du blé.

Hygin nous fournira le dernier trait de ce travail successif du mythe dans lequel nous avons vu peu à peu Triptolème et Célée, primitivement étrangers l'un à l'autre, se rapprocher d'abord par des liens peu étroits, puis par une parenté de fils à père. Dans cet auteur [3], c'est enfin Triptolème lui-même, qui, fils du roi Éleusis, est élevé par la déesse. Son père surprend celle-ci au moment où elle faisait passer l'enfant par le feu ; elle le tue, et fait présent au jeune éleusinien d'un char tiré par des dragons, et de la semence du blé.

Quant au rôle de Triptolème, en tant qu'initiant à la civilisation par les arts agricoles, on s'accorde à le faire partir d'Éleusis pour répandre ses con-

[1] Apollod., 1, 5, 2. — [2] Serv. Virg., G., 1, 19; Schol. Stat. Theb., 2, 382. — [3] f. 147.

naissances sur toute la terre. Nous avons vu que, suivant l'hymne homérique, il reçut de Démèter un caractère religieux; plus tard ce caractère s'étendit par l'introduction d'éléments nouveaux. Triptolème servait, en quelque sorte, de médiateur entre la déesse et les hommes qu'elle veut combler des biens naturels. Le clos de Rharion, près d'Éleusis, était le lieu où la main du fils de Célée s'était ouverte pour la première fois, et avait laissé tomber des grains d'orge. En conséquence, les Éleusiniens, dans les sacrifices, ne se servaient que de gâteaux faits avec les grains du Rharion [1].

Diverses traditions nous montrent Triptolème voyageant dans plusieurs provinces grecques, et, suivant les auteurs romains, par toute la terre. En Arcadie, il enseigna à Arcas à préparer le pain et à employer la laine des troupeaux [2]. L'Achaïe lui dut l'agriculture et les premières notions de la construction des villes. Aidé d'Eumélos, Triptolème fonda d'abord en ce pays la ville d'Aroë (*ville des champs*). S'étant un jour endormi auprès d'Anthias, fils d'Eumélos, il vit avec surprise, et en se réveillant, que ce jeune homme était mort : les dieux l'avaient fait tomber du char ma-

[1] Voss, *l. c.*, 308, 451; Paus., 1, 38, 6. — [2] Paus., 8, 4, 1.

gique sur lequel il était monté, pour avoir voulu semer comme le fils de Célée, qui fonda ensuite Anthéias et Mésattis [1]. Gordys, fils de Triptolème, fonda aussi la ville de Gordes en Phrygie [2]. Ovide fait aller Triptolème en Scythie, auprès du roi Lyncus, qui essaya de le tuer pendant son sommeil, et fut changé en lynx par Cérès [3]. Carnabon, roi des Gètes, en Mysie, essaya de même de lui nuire, lorsque, monté sur un char traîné par des dragons, il lui apporta les arts agricoles. Mais il ne put tuer qu'un des dragons. Triptolème parcourut la terre en y répandant la connaissance de l'agriculture; puis, ce voyage fini, il revint à Éleusis, où le roi Célée voulut le faire périr. La déesse protégea son favori, et força Célée à lui céder la souveraineté. Après avoir donné au pays le nom de son père, Éleusis, il institua les Thesmophories [4].

A coup sûr, les idées du lecteur se seront singulièrement modifiées; rejetant la première biographie de Triptolème, il aura compris ce qu'il y a de vicieux dans cette méthode d'arrangement qui ne représente absolument aucune croyance, qui emprunte à tous les âges, à tous les pays, des traits divers pour composer une légende incer-

[1] Paus., 7, 18, 2. — [2] Strab., p. 747, 750. — [3] Ov. Met., 646. — [4] Hyg., 147; Serv. Virg., G., 1, 19.

taine, et qui donne comme articles de foi des Grecs les légendes d'Hygin et d'Ovide.

Prenons encore quelques exemples pour épuiser la matière. Il en résultera pour le lecteur cette conviction, que les travaux mythologiques sont à refaire *ab ovo.*

§ II. — Titans.

Légende usuelle : « Fils du Ciel et de la Terre ou Titée, d'où leur est venu le nom de Titans ; les Égyptiens en comptent quarante-cinq, Apollodore treize, Hygin six et Hésiode vingt, en y comprenant les Titanides. Les Titans les plus célèbres sont : Saturne, Hypérion, Océan, Japet, Cottus et Briarée, auxquels Horace ajoute Typhée, Mimas, Porphyrion, Rhœtus et Encelade, que d'autres mythologues rangent parmi les géants. Ils étaient d'une taille et d'une force extraordinaires. Ils furent traités avec cruauté par Cœlus ou le Ciel, leur père, qui les enferma dans les entrailles de la Terre. Mais leur mère, touchée de leur sort, leur rendit la liberté, et les arma contre leur père. Saturne mutila son père, s'empara du trône et épousa Rhéa; mais il dévora tous ses enfants mâles, parce qu'il avait appris de l'oracle qu'il serait un jour détrôné par eux, en punition du traitement qu'il avait fait subir à son père. C'est cette guerre de Saturne et de ses frères, tous comme lui Titans ou enfants de la Terre, que l'on désigne sous le nom de guerre des Titans. Quelques mythologues modernes, faisant de Titan un personnage particulier, frère aîné de Saturne, donnent le nom de Titans à ses enfants, et pensent que la guerre des Titans est celle que ce prince et ses fils firent à Saturne pour reconquérir le trône qu'ils lui avaient cédé. Quoi qu'il en soit, la guerre des Titans est très-célèbre dans l'histoire poétique. On la confond souvent avec celle des Géants; mais il faut observer que les Titans firent la guerre au Ciel ou, selon d'autres, à Saturne, et les seconds à Jupiter [1]. »

Ce récit ne représente aucunement l'importance des mythes titaniens dans la théogonie de l'Hellade. En voici un tableau plus exact.

Légende réelle : Fils d'Ouranos (le Ciel) et de Gé (la Terre), frères des Hécatonchires et des Cyclopes. Avant leur naissance, Ouranos avait précipité leurs frères dans le Tartare. La Terre, irritée, engagea les Titans à se révolter contre lui, et arma, à cet effet, Kronos d'une faux de diamant, au moyen de laquelle celui-ci mutila son père.

[1] Bouillet, Dict. d'ant., *s. v.*

Du sang d'Ouranos naquirent les Érinnyes, les Géants, les Mélies et Aphrodite. Les Titans donnèrent ensuite le trône à Kronos et délivrèrent leurs frères captifs. Le nouveau roi du ciel commença par rejeter les Cyclopes dans leur prison, puis il épousa sa sœur Rhée (ou Ops [1]). Cependant Ouranos et la Terre lui ayant prédit qu'il serait détrôné par un de ses enfants, il les avalait à mesure qu'ils venaient au monde. Hestia, Démèter, Héra, Aïdès et Poséidon disparurent ainsi. Rhée parvint à sauver Zeus; Métis fit rendre à Kronos les enfants qu'il avait avalés, et, réuni à eux, Zeus commença une guerre contre son père et contre les Titans. Cette lutte, qui est connue sous le nom de Titanomachie, eut lieu en Thessalie : les Kronides étaient postés sur l'Olympe, et leurs adversaires sur le mont Othrys. Au bout de dix ans, la Terre prédit la victoire à Zeus, s'il appelait à son secours les fils d'Ouranos que Kronos avait précipités dans le Tartare. Zeus ayant tué Kampé, gardienne de leur prison, les délivra. Les Cyclopes donnèrent alors à Zeus l'éclair, le tonnerre et la foudre, à Aïdès un casque magique, et le trident à Poséidon. Vaincus par les Kronides, les Titans furent relégués dans le Tartare, et mis sous la garde des Hécatonchires [2].

[1] Ovid., Met., 9, 497. — [2] Hés. Theog.

Développements. — Si l'on s'en rapporte à la bibliothèque d'Apollodore, et à la Théogonie d'Hésiode, telle que nous la possédons aujourd'hui, rien de plus simple que la nomenclature et la généalogie des Titans. Mais ces données sont loin de s'accorder avec les légendes transmises jusqu'à nous par les poètes de tout âge, et surtout par les auteurs romains. Le fait capital du mythe des Titans, leur lutte contre l'Olympe, se trouvant reproduit sous des formes diverses dans les écrits des mythologues, il en est résulté une confusion extraordinaire. Les Titans et les Géants sont continuellement pris les uns pour les autres; dans Ovide, ces derniers, confondus avec les Hécatonchires, sont représentés comme ayant cent bras [1]. Horace suit la même tradition erronée, et range au nombre des Titans les Géants Mimas, Porphyrion, Rhœtus et Encelade [2]. Typhée, qui n'appartient nullement à cette famille monstrueuse, est de même compris au milieu d'elle [3]. Pour se reconnaître au milieu de cet amalgame de traditions, il importe d'adopter l'ordre historique, qui, en nous faisant suivre pas à pas les développements de l'idée première, nous permettra de concevoir les mutations qu'elle a subies. Avant cependant de

[1] Met., 1, 151. — [2] Hor., Od. 3, 4, 42. — [3] Ov. Met., 5, 321.

se livrer à cet examen, il importe de remarquer que, suivant certains mythologues, le mythe des Titans se rapportait à la formation et au développement des productions de la nature sous l'influence du ciel, phénomène personnifié sous la forme des Géants. En ce cas, les légendes des Aloades, des Titans, des Géants et des Cyclopes, êtres qui se touchent par un point commun, l'énormité de leur stature, indiqueraient la manifestation de phénomènes identiques, volcaniques sans doute, dans des pays différents. Cette opinion tire une grande vraisemblance de ce fait constant que, dans les auteurs, le lieu du combat, toujours flottant, est spécialement indiqué par eux comme se trouvant dans une contrée volcanique. Une autre conjecture, qui n'implique pas la négation de la première, regarde ces mythes divers comme une même légende, localisée dans des pays offrant les mêmes caractères géologiques. On a peine à croire, en effet, que les luttes d'Ouranos et des Hécatonchires, de Kronos et de ses fils, des Olympiens et des Titans, ainsi que celle des Aloades, et enfin l'escalade des Géants, soient autant de conceptions parfaitement étrangères l'une à l'autre.

Dans Homère, rien de précis qui constate la lutte des Titans contre Zeus. Le poète semble avoir oublié cette lutte offensante pour la majesté du Dieu suprême, et n'avoir gardé que le souvenir de la défaite des adversaires de l'Olympe [1]. Les Titans, enfermés dans le Tartare, ne sont pas désignés nominativement : l'Iliade mentionne seulement Japet et Kronos. Quant à leur origine, Homère les désigne implicitement comme fils d'Ouranos, *Ouraniones*. Il applique aussi ce surnom aux dieux olympiens [2]. Les peuplades fabuleuses, identifiées par les poètes romains avec les Titans, n'ont rien qui les rattache à ce peuple : l'hécatonchire Briarée, géant marin, prête son secours à Zeus contre les dieux olympiens, et non contre les Ouranides [3], et ses frères ne figurent nullement. Quant aux Géants et aux Cyclopes, ils n'ont aucun caractère divin, et ne s'éloignent de l'homme que par une conformation particulière. Ennemis de Zeus, on ne les voit pas combattre contre lui. Il est seulement dit que les dieux, irrités de la perversité des premiers, les firent périr [4]. A côté de ces peuplades gigantesques s'en dresse une troisième, celle des Aloades, qui entreprirent d'escalader les cieux, et entassèrent Pélion sur Ossa. Ils furent tués par Apollon [5].

[1] Il. 14, 279; 8, 479.—[2] Id. 5, 898.— [3] Id. 1, 402.— [4] Odyss., 7, 59; 10, 120. — [5] Id. 11, 305.

Dans Hésiode, ainsi que nous l'avons vu, la famille des Titans se complique et s'harmonise. Les Titans proprement dits sont au nombre de douze : Océan, Cœos, Krios, Hypérion, Japet, Kronos, Théia, Rhée, Thémis, Mnémosyne, Phœbé, Téthys. Ce passage de la Théogonie est contraire en quelques points aux données de l'Iliade. En effet, dans ce poème, l'Océan, loin d'être né d'un dieu, est la source de tout [1]. Cœos, Krios, Mnémosyne, Phœbé ne sont pas nommés, non plus que Théia, qui, dans l'hymne homérique au Soleil, est remplacée par Euryphaessa [2]. Enfin, Rhée, Thémis et Téthys figurent sans indication d'origine. On soupçonne même d'interpolation les deux passages de l'Iliade où se trouve le nom de la première [3].

Les autres Titans [4] sont : 1° les Hécatonchires, parmi lesquels nous retrouvons le Briarée d'Homère, assisté de deux frères : Kottos et Gyès ; 2° les Cyclopes titaniques. Ils ne forment plus un peuple humain comme dans Homère [5], mais une triade divine, personnifiant les effets de la foudre. Leurs noms sont les suivants : Argès, Stéropès, Brontès. De même, les Géants, nés, suivant Hésiode, du sang de Kronos, se changent de peuplade hu-

[1] Il. 14, 201, 302. — [2] Hymn. Hom. in Sol., 4. — [3] Il. 14, 204 ; 15, 187. — [4] Hés. Théog., 617. — [5] Odyss., 6, 5.

maine en êtres divins. C'est ici le lieu, à l'occasion de cette déformation des légendes primitives, de mentionner une tradition suivant laquelle un ancien peuple, souche du genre humain, portait ce nom de Titans. Il habitait Cnosse, et, hostile à Zeus, fut mis en fuite par le son de la flûte de Pan [1]. On serait autorisé à accorder, d'après la transformation subie par les Cyclopes et les Géants dans Hésiode, que ce mythe d'un peuple titanique est antérieur à tous les mythes uraniens. Mais on se gardera d'une conclusion précipitée en remarquant que, postérieurement à Hésiode, les Cyclopes subirent une nouvelle transformation, et redevinrent une peuplade occupée soit de travaux de forges, comme les Cyclopes vulcaniens, imaginés d'après les données d'Homère et d'Hésiode, et qui portent en partie les mêmes noms que les Titans, soit de constructions gigantesques.

Quant aux autres personnages nés du sang de Kronos, ce sont, suivant Hésiode, Aphrodite, les Érinnyes et les Mélies. La première est, dans Homère, fille de Zeus et de Dione [2]; les secondes n'ont aucune origine déterminée, et les Mélies ne sont pas mentionnées. Ici finissent les Titans propre-

[1] Eratosth. Kat., 27; Lobeck, Agl., p. 763. — [2] Il. 20, 105.

ment dits; mais, ainsi que nous l'avons déjà fait remarquer, ce nom, qui dans l'origine paraît n'avoir été appliqué qu'au troisième groupe des fils d'Ouranos et de la Terre, est donné abusivement, soit à des divinités, telles que Démèter [1], Phorcys [2], Hécate [3], Léto [4], Hélios, Séléné [5]; soit à des êtres semi-divins, Prométhée [6], Pyrrha [7], Circé [8]; il en résulte que, sous le nom de Titans, la mythologie syncrétiste des derniers âges était arrivée à comprendre : 1° les Ouranides, dont nous avons donné la nomenclature; 2° les Pontides, Nérée, Thaumas, Phorcys, Céto; 3° les Kronides, Hestia, Démèter, Aïdès, Poséidon, Zeus, Héra; 4° les Océanides; 5° les enfants de Cœos, Léto et Astérie; 6° les enfants de Krios, Astrée, Pallas, Persès; 7° les Perséides; 8° les Hypérionides; 9° les Héliades; 10° les Japétides; 11° les Néréides; 12° les Thaumantides, Iris, les Harpyes; 13° les Phorcydes.

Mais il faut se garder de croire que cette immense famille fût acceptée avec cette régularité systématique par les croyances populaires et dans les écrivains. La plus grande partie des membres qui la composaient avaient jusqu'à deux ou trois

[1] Clem Alex. Homil. 6, 2. — [2] Apollod., 1, 1, 3. — [3] Hes. Theog., 424. — [4] Ov. Met., 6, 346. — [5] Serv. Virg., A., 4, 119; 6, 725; Tibull., 4, 1, 50; Schol. Apoll. A., 4, 54; Ov. Fast., 1, 617. — [6] Hes. Theog., 424. — [7] Ov. Met., 1, 395. — [8] Id., ib., 14, 382.

généalogies, toutes aussi populaires les unes que les autres.

Nous avons essayé de montrer comment la famille des Titans, à peine indiquée dans Homère, s'était successivement étendue et transformée sous l'influence d'idées diverses, jusqu'à former l'immense nomenclature qui nous a été conservée par Apollodore, sans cependant que cette nomenclature fût adoptée d'une manière générale par les Grecs et par les Romains. Il nous reste à parler de quelques traditions insolites, en opposition avec la croyance vulgaire, dont les dissidences n'allaient pas jusqu'à entamer le noyau primitif.

Suivant Apollonius de Rhodes et Tzetzès, les Titans étaient gouvernés, avant le règne de Kronos, par Ophion et par Eurymédon [1]. Étienne de Byzance [2] donne aux Uranides les noms suivants : Adanos, Ostasos, Andès, Kronos, Rhée, Japet, Olymbros. Pausanias parle d'un Titan, nommé Anytos, qui éleva la Perséphone arcadienne [3]. Enfin, les Orphiques dénaturent complétement la tradition vulgaire, par le mélange d'idées empruntées à la cosmogonie phénicienne. Selon eux, le premier

[1] Apoll. A., 1, 503. — [2] Steph. Byz. *s. v.* Adana. — [3] Paus., 8, 37, 3.

être s'appelait Protogonos. Sa fille, Rhée, épousa Kronos, et d'elle naquirent Gé, Ouranos, Pontos, les Vents, tous les dieux et tous les hommes. Zeus eut d'elle Perséphone [1]. Dionysos Zagreus, fils de celle-ci, fut déchiré par les Titans [2].

Quant à la confusion des Titans et des Géants dans les poètes latins, et surtout dans Horace et Ovide, elle est trop évidente pour qu'on la mentionne comme une divergence de traditions. Nous avons dit quelques mots de la similitude qu'offraient ces deux familles : le mythe de la seconde paraît calqué sur celui de la première, avec cette différence qu'il s'y est mêlé un reflet des données homériques. Les Géants sont détruits par les dieux à cause de leurs crimes, c'est le fait principal mentionné dans l'Odyssée. Dans Hésiode, ils revêtent une origine divine [3]. De là à conclure une attaque contre l'Olympe tentée aussi par les Aloades, et dans le même lieu que celle des Géants, il n'y avait pas loin. D'ailleurs ils se confondent peu à peu avec les anciens adversaires de Kronos. Comme aux Hécatonchires, Hygin leur donne Gé pour mère [4]; comme aux Hécatonchires, Ovide leur attribue cent bras [5]. Ils n'ont pas de

[1] Orph. H., 13. — [2] Tzetz. Lyk., 355. — [3] Hes. Theog., 185. — [4] Hyg. Præf., p. 1. — [5] Met., 1, 151.

pieds : l'extrémité de leur corps est pisciforme [1], sans doute par suite d'une confusion entre eux et les mêmes Hécatonchires : on se rappelle que dans Homère, Briarée a la mer pour demeure [2]. Comme il fallait cependant leur donner la faculté de se mouvoir sur la terre, puisque leur attaque a lieu principalement dans des régions montagneuses, on leur attribua des ailes. Il est inutile de pousser plus loin cet examen. Seulement on n'aura plus lieu de s'étonner de voir Virgile [3] et Callimaque [4] compter au nombre des Géants le Titan (Cyclope [5]) Briarée, et Hygin commettre grossièrement la même faute au sujet de Japet et de Phorcys [6]. Les mêmes aberrations sont répétées dans Horace et dans Ovide à propos de Riphée, d'Encelade, de Mimas, de Typhon, etc.

§ III. — Cyclopes.

Légende usuelle : « Race de Géants monstrueux, fils du Ciel et de la Terre ; ils n'avaient qu'un œil, de forme ronde, au milieu du front. Hésiode n'en compte que trois : Argès, Brontès et Stéropès. Mais, selon d'autres mythologues, on en

[1] Ov. Tr. 4, 7, 17. — [2] Il. 1, 402. — [3] Æn. 10, 567. — [4] Hymn. in Del., 141. — [5] Schol. Theokr., 1, 65. — [6] Hyg. Præf.

compte plus de cent. Au temps d'Ulysse, Polyphème était leur roi. Ils habitaient les contrées occidentales de la Sicile. Comme ils avaient des mœurs grossières, les poëtes en ont fait des anthropophages.

« On a cru qu'ils n'avaient qu'un œil parce qu'ils portaient un casque au milieu duquel était un trou qui servait de visière. Les Cyclopes étaient les forgerons de Vulcain, et travaillaient avec lui dans les gouffres de l'Etna. Le bouclier de Pluton, le trident de Neptune et les foudres de Jupiter étaient leur ouvrage. On leur attribue aussi la construction des plus fortes citadelles de l'antiquité. Les Cyclopes furent mis au rang des dieux : ils avaient à Corinthe un temple où on leur offrait des sacrifices. Apollon les perça de ses flèches pour venger la mort de son fils Esculape, tué d'un coup de foudre [1]. »

Légende réelle : Cyclopes, littéralement, *qui ont un œil rond*. Il faut distinguer :

1° Les Cyclopes homériques, peuple de pasteurs anthropophages, caractérisés par leurs formes gigantesques et repoussantes, leur œil unique, leur vie sauvage et leur férocité. Ils habitaient le sud-ouest de la Sicile, région dont ils s'emparèrent

[1] Bouillet, Dict. d'ant. *s. v.*

après avoir chassé leurs voisins les Phéaciens [1]. Les auteurs postérieurs les supposaient avoir habité la côte du sud-est près de l'Etna, aux environs de Léontium [2]. C'est pourquoi plusieurs poëtes appelaient la côte de Sicile : *Cyclopia saxa*, les rochers des Cyclopes [3].

Les Cyclopes ne connaissaient pas l'agriculture; le sol leur fournissait de lui-même le froment, l'orge et le raisin. N'étant pas liés par une loi commune, ils ne se réunissaient point dans des assemblées, mais chacun vivait isolé dans une caverne ou dans quelque gorge de montagne, où il gouvernait sa famille avec un pouvoir patriarcal et arbitraire. Ils connaissaient la navigation, bien qu'ils ne l'exerçassent pas. Ils ne craignaient pas les dieux, et n'étaient pas *serviteurs de Zeus* [4]. Dans la tradition homérique, le représentant de ces Géants est Polyphème. Le sujet du drame satirique d'Euripide, intitulé *le Cyclope*, est tiré, à quelques modifications près, de la fable relative aux aventures d'Odysseus avec ce Géant.

2° Les Cyclopes-Titans, fils d'Uranus et de la Terre, foudres personnifiés, et *serviteurs de Zeus*. Ils étaient au nombre de trois : Argès, l'Éclair;

[1] Odyss., 6, 5. — [2] Strab., p. 20. Pomp. Mela, 2, 7. — [3] Virg. Æn., 1, 201; Tibull., 4, 1, 56.— [4] Odyss. *passim*.

Stéropès ou Astéropès, ou Astropæos, la Foudre; et Brontès, le Tonnerre. Ouranos les mit aux fers, et les précipita dans le Tartare. La Terre, irritée contre ce dieu, excita à la révolte les autres Titans, qui détrônèrent leur père, délivrèrent leurs frères, et mirent Kronos sur le trône. Mais celui-ci enchaîna de nouveau les Cyclopes, et les enferma dans le Tartare, où ils furent gardés par le monstre Kampé. Plus tard, lorsque Zeus se fut révolté contre Kronos et contre les autres Titans, la Terre lui prédit qu'il sortirait victorieux de cette lutte, qui avait déjà duré dix ans, s'il appelait les Cyclopes à son secours. Après avoir tué leur gardienne Kampé, Zeus brisa les fers des Cyclopes, qui, en récompense, lui donnèrent le tonnerre, la foudre et l'éclair, un casque à Aïdès et un trident à Poséidon. Les Cyclopes périrent sous les traits d'Apollon, pour avoir forgé la foudre avec laquelle Zeus avait tué Asklépios [1].

3° Les Cyclopes, ouvriers forgerons d'Héphæstos. Les anciens regardaient les volcans comme les forges de ce dieu; tel était surtout, d'après la tradition, le mont Etna, en Sicile : le mythe postérieur a confondu la fable homérique, qui

[1] Hés. Theog., 139, 503; Apollod., 1, 1, 2; 3, 10, 4; Schol. Æsch. Prom. 921; Ov. Met. 1, 259.

supposait les Cyclopes en Sicile, avec celles des forges d'Héphæstos au fond de l'Etna. De cette confusion des Cyclopes homériques et des Titans, se forma la fable d'une autre race de Cyclopes, analogue à celle des forgerons des foudres de Zeus. Ils étaient représentés comme des ouvriers travaillant l'airain pour les dieux et les héros, avec tant de force, qu'ils ébranlaient la Sicile et les îles voisines [1]. Venus de la côte occidentale de la Trinacrie au fond du mont Etna, ou aux îles Lipari [2], résidence d'Héphæstos, ils étaient plus nombreux que les Titans, dont ils avaient en partie emprunté les noms, tels que Stéropès, Brontès; d'autres s'appelaient : Pyracmon, de ἄκμων, *enclume*, et πῦρ, *feu*, et Acamas, *infatigable*.

4° Les Cyclopes constructeurs, peuple de Thrace, très-habile dans l'art de construire, ainsi nommés de leur roi Cyclops. Expulsés de leur pays, ils se répandirent en Crète et en Lycie. De là ils suivirent Prœtos, pour ceindre ses villes de leurs murs gigantesques, et fortifièrent la citadelle de Tyrinthe ou de Mycènes [3]. La tradition leur attribue la construction de ces anciens murs dits

[1] Virg. Georg., 4, 170; Kallim. H. in Dian., 56. — [2] Æn. 8, 422, 440; Claud. r. Pros., 2, 173; Kallim., *loc. cit.* — [3] Strab., p. 273; Apoll., 2, 2, 1; Paus., 2, 16, 4; Schol. Eur. Or., 953; Plin., 7, 56, 57.

cyclopéens, bâtis de masses énormes de pierres brutes et irrégulières, ayant souvent vingt à trente pieds de largeur. Une partie de ces ouvrages ont subsisté jusqu'à nos jours; on les trouve surtout dans l'Argolide, ainsi qu'en Arcadie et dans les contrées montagneuses de l'ancien Latium. La fable qui attribue ces murs aux Cyclopes n'a aucune base historique ou géographique [1]. Il paraît qu'elle ne fut inventée que pour expliquer le mot *cyclopéen*, qui était devenu proverbial et synonyme de tout ce qui est gigantesque. Aussi Homère, en parlant des murs de Tyrinthe, ne fait-il nullement mention des Cyclopes [2]. Plus tard on admira cette architecture prodigieuse des anciens, et comparant ces masses de pierres avec celle que le cyclope Polyphème avait mise devant l'entrée de sa caverne, on les appela cyclopéennes [3].

§ IV. — Philoctète.

Légende usuelle : « Un des héros les plus célèbres de son temps, était fils de Pœan. Il fut fidèle compagnon d'Hercule, qui, en mourant, lui laissa ses flèches. Il s'était engagé par serment à ne ja-

[1] Jacobi, Myth. Worterb. *s. v.* Kykl. — [2] Il., 2, 559. — [3] Schol. Stat. Theb., 1, 251, 630; Serv. Virg. Æn. 6, 636.

mais découvrir le lieu où il avait déposé le corps de ce héros. Mais les Grecs, sur le point de partir pour le siége de Troie, ayant appris de l'oracle de Delphes que, pour se rendre maîtres de cette ville, il fallait qu'ils fussent en possession des flèches d'Hercule, envoyèrent des députés à Philoctète pour apprendre en quel lieu elles étaient cachées. Philoctète les avait enfermées avec le corps d'Hercule; mais ne voulant, ni violer le serment, ni priver les Grecs de l'avantage que devaient leur procurer ces flèches, il leur montra avec le pied, après quelque résistance, le lieu où il avait inhumé Hercule, avoua qu'il avait ses armes en son pouvoir, et consentit à aller à Troie. Il y conduisit sept vaisseaux qui portaient ceux de Méthone, de Thaumacie, de Mélibée et d'Olyzon.

« L'indiscrétion de Philoctète lui coûta cher dans la suite; car, dans le temps qu'il allait à Troie, une de ses flèches lui étant tombée sur le même pied avec lequel il avait montré le lieu de la sépulture d'Hercule, il s'y forma un ulcère qui répandait une odeur si fétide, qu'à la sollicitation d'Ulysse on l'abandonna seul dans l'île de Lemnos, où il souffrit dix ans tous les maux et toutes les douleurs que l'auteur de *Télémaque* a si bien décrits d'après Sophocle et Ovide. Une caverne lui servait de demeure; une fontaine fournissait à sa boisson, et il se nourrissait des oiseaux qu'il abattait avec ses flèches. Cependant, après la mort d'Achille, les Grecs voyant qu'il était impossible de prendre la ville sans les flèches que Philoctète avait emportées avec lui à Lemnos, Ulysse, quoiqu'ennemi mortel de ce héros, se chargea de l'aller chercher et de le ramener. Il se fit accompagner de Néoptolème ou Pyrrhus, fils d'Achille, qui n'avait en rien trempé dans le crime des Grecs. Mais Philoctète, qui gardait un ressentiment profond des mauvais traitements qu'il avait reçus des Grecs, et d'Ulysse en particulier, refusa d'aller à Troie, et pria Pyrrhus de le transporter à Mélibée sa patrie. Au moment de son départ l'ombre d'Hercule lui apparut, et lui ordonna de se rendre au camp des Grecs, où il serait guéri de sa blessure, et mettrait fin à la guerre. Philoctète obéit. Après avoir été guéri par Esculape, ou selon quelques-uns par Machaon et Podalire, il prit part au combat, et tua, avec les armes d'Hercule, un grand nombre de Troyens. Ce voyage et cette négociation font le sujet d'une tragédie de Sophocle, une des plus belles que l'antiquité nous ait transmises.

« Pâris lui fit demander un combat singulier; le héros grec le blessa mortellement d'une de ses flèches. Après la prise de Troie il ne voulut pas retourner dans son pays, soit, selon quelques mythologues, parce que son ulcère n'était point encore guéri, soit parce que son père était mort, soit pour ne pas se retrouver dans les lieux où il avait vu mourir Hercule son ami, et alla dans la Calabre, où il bâtit la ville de Pétilie, et fut enfin guéri par les soins de Machaon, comme nous l'apprenons de Properce et d'Ovide. On lui attribue aussi la fondation de Thurium.

« Philoctète avait été un des plus fameux Argonautes, et, comme il survécut longtemps à la prise de Troie, c'est une preuve de la proximité de ces deux événements. Homère dit que Philoctète était le plus adroit de tous les Grecs à tirer de l'arc [1]. »

Légende réelle : Philoctète, guerrier grec, célèbre par sa valeur et par son habileté à tirer de l'arc, était fils de Pœas et de Démonassa [2]. Lorsque l'armée des Atrides s'assembla dans le port d'Aulis, Philoctète y amena sur sept vaisseaux les guerriers de Méthone, de Thaumacie, de Mélibée et d'Olizone. Mordu par un serpent durant la traversée, il fut jeté à Lemnos par ses compagnons d'armes, et Médon, fils d'Oïlée, prit le commandement de son corps. Plus tard, il revint heureu-

[1] Bouillet, Dict. d'ant., *s. v.* — [2] Hom. Odyss., 3, 190; 8, 219.

sement dans sa patrie [1]. Homère ne dit rien de plus sur ce héros, dont le mythe a été singulièrement embelli et modifié par les poètes postérieurs et les mythographes de tout âge. Nous allons l'exposer conformément à leurs récits, en conservant soigneusement les divergences des traditions.

I. Philoctète, ami d'Héraclès, qui lui enseigna à tirer de l'arc, hérita, après la mort de son maître, de ses flèches empoisonnées [2]. Il prit part à l'expédition des Argonautes [3], et, en sa qualité de prétendant d'Hélène, à la guerre de Troie [4]. Pendant la traversée, il fut mordu par un serpent, à Chrysa, à Lemnos, à Ténédos ou à Imbros [5]. — *a*. Héra, irritée contre lui de ce qu'il avait préparé le bûcher d'Héraclès, envoya ce serpent pour le punir [6]. — *b*. Quand les Grecs partirent pour Troie, il leur avait été prédit que, s'ils ne trouvaient l'autel de la nymphe Chrysa, ou d'Athéné Chrysa, dans l'île de ce nom, et s'ils n'y offraient un sacrifice, ils ne pourraient s'emparer d'Ilion : Philoctète, en découvrant cet autel, fut blessé au pied par le serpent qui le gardait. Tzetzès dit que ce fut pour avoir méprisé l'amour de Chrysa [7].

[1] Il. 2, 716; Od. 3, 190. — [2] Philost. Her., 5. — [3] Hyg., f. 102. — [4] Apollod., 3, 10, 8. — [5] Eustath., p. 329. — [6] Hyg., *loc. cit.* — [7] Soph. Phil., 1327; Tzetz. Lyk., 911.

— *c*. C'est, non pas dans l'île de Chrysa, mais en contemplant le tombeau de Troïlos dans le temple d'Apollon Thymbrée [1], ou pendant un sacrifice offert à Apollon Sminthée par Palamède [2], ou dans un festin à Ténédos [3], ou encore pour avoir indiqué à ses compagnons, contrairement à ses promesses, le lieu de la sépulture d'Héraclès, que Philoctète fut blessé [4]. — *d*. La blessure dont il souffrit si longtemps fut, non pas une morsure de serpent, mais la punition de son parjure : un jour qu'il maniait les fameuses flèches, il s'en laissa tomber une sur le pied, et le poison eut bientôt vicié tout son sang [5].

II. Forcés de se tenir à l'écart, et ne pouvant offrir aux dieux ni libations ni sacrifices, car Philoctète remplissait le camp de gémissements et d'imprécations sauvages, les Grecs, par le conseil d'Odysseus et sur l'ordre des Atrides [6], déposèrent le malheureux blessé dans la terre de Lemnos, île inhabitée, où il pourvut à sa misérable vie en perçant les oiseaux de ses flèches. Il vécut ainsi durant neuf ans; la dixième année du siége, un oracle ayant déclaré que Troie ne pouvait être prise sans les flèches d'Héraclès, Odysseus et Dio-

[1] Meurs. ad Lyk. Cass., 912. — [2] Dict., 2, 14. — [3] Bibl. der Alt. litt. u. Kunst., 1, 23. — [4] Philost., *l. c.* — [5] Serv. Virg. Æn., 3, 402. — [6] Ov. Met., 13, 315.

mède (ou Odysseus et Néoptolème [1]) se rendirent à Lemnos, auprès de Philoctète, qui les suivit, soit volontairement [2], soit sur l'ordre d'Héraclès [3]. Arrivés à Ilion, Apollon le plongea dans un profond sommeil, pendant lequel Machaon le guérit [4]. Cette partie du mythe présente diverses variantes, On l'abandonna, dit-on, à Lemnos, parce que les prêtres d'Héphæstos, qui habitaient cette île, savaient guérir la morsure des serpents [5]; Pylios, fils d'Héphæstos, lui rendit la santé [6]. Photius rapporte qu'il mourut de sa blessure [7]. D'autres traditions, analogues à celle-ci en ce qu'elles représentent l'île de Lemnos comme habitée, dérivent sans doute de la donnée suivie par Eschyle et Euripide, qui, dans leur *Philoctète*, aujourd'hui perdu, avaient composé le chœur d'habitants de Lemnos. Ainsi, d'après Hygin, Phimacus, berger d'Actor, roi de l'île, pourvut à la subsistance du fils de Pœas [8]. Philostrate s'écarte encore davantage du récit primitif : selon lui, Philoctète, guéri par les médecins lemniens qui pansèrent sa blessure avec de la terre sigillée, mena Eunée et quelques Mélibéens, qui étaient venus à terre avec lui, à la conquête des îles voisines de Lemnos, et

[1] Soph. Phil.; Hyg., f. 102. — [2] Pind., P. 1, 96. — [3] Soph., *l. c.* — [4] Tzetz. Lyk., 911. — [5] Eustath., p. 330, 13. — [6] Ptolem. Heph., 6. — [7] Phot., p. 486. — [8] Hyg., *l. c.*

reçut pour récompense une partie de Lemnos même, qu'il nomma Acésa (de ἀκέομαι, guérir). Ensuite il alla à Troie, avec Diomède et Néoptolème [1]. On rapporte que l'oracle fut rendu par Hélénos [2] ou par Calchas [3]; et que le blessé dut sa guérison à Podalire [4], aux deux fils d'Asclépios ou à Asclépios lui-même [5].

Une fois devant Ilion, Philoctète tua Pâris d'un coup de flèche, et amena ainsi la chute de la ville [6]. Les vents contraires ne lui permirent pas de revenir en paix dans sa patrie; jeté sur la côte d'Italie, il y fonda les villes de Pétélie et de Crimissa, et bâtit, dans cette dernière, un temple en l'honneur d'Apollon Alæos, auquel il consacra son arc [7]. Il périt dans un combat contre les Rhodiens. On voyait son tombeau à Macalla, où il avait un autel honoré par des sacrifices annuels [8].

§ V. — Les Vents.

Légende usuelle : « Divinités poétiques, enfants du Ciel et de la Terre ou, selon d'autres, d'Astrée

[1] Phil. Her., 5. — [2] Tzetz , *l. c.* — [3] Phil., *l. c.*; Quint. Sm., 9, 325. — [4] Ib., 10, 180. — [5] Soph. Phil., 133; Philost., *l. c.* — [6] Soph. Phil., 1426; Apoll., 3, 12, 6; Hyg., f. 112. — [7] Strab., 6, p. 254; Tzetz. Lyk., 911; Serv. Virg. A., 3, 402. — [8] Tzetz., *l. c.*

(Astræus) et d'Héribée. Hésiode les fait fils des trois géants Typhée, Astrée et Héribée, à l'exception des vents favorables, Notus, Borée et Zéphire, qu'il fait enfants des dieux. Les anciens, et particulièrement les Athéniens, rendaient un culte aux vents et les révéraient comme les dieux des orages et des tremblements de terre. Les Lacédémoniens leur immolaient un cheval.

« On reconnaissait quatre principaux vents, l'Eurus, ou vent du sud-est, représenté sous les traits d'un jeune homme qui fuit avec la plus grande impétuosité ; l'Auster, ou le vent du midi, représenté sous la figure d'un vieillard triste, et le front environné de nuages; Zéphire, époux de Flore, jeune homme doux et couronné de fleurs ; Borée, ou le vent du nord, père de la pluie et de la grêle, de la neige et des tempêtes. On adorait aussi Solanus, père des fruits; l'Africus ou le nord-est. Quelques mythologistes établissent le séjour des vents dans les îles Éoliennes, et leur donnent pour roi Éole, qui les tient enchaînés dans de profondes cavernes [1]. »

Légende réelle : Les vents sont déjà personnifiés dans Homère, qui, tout en les symbolisant, les représente en même temps comme des phénomènes

[1] Bouillet, Dict. d'ant., *s. v.*

naturels, ainsi qu'il le fait, par exemple, à propos du Xanthe, auquel il donne, dans l'entretien de ce fleuve avec Achille, l'épithète de *Fleuve aux vastes abîmes* [1]. L'Iliade et l'Odyssée s'accordent à ne mentionner, du moins nominalement, que quatre vents : Borée, vent du nord; Zéphire, vent du sud; Euros, vent de l'est; Notos, vent de l'ouest; et les accolent presque toujours par paires, unissant le premier au second, et le troisième au dernier [2]. Bien que ces vents puissent être favorables dans telle circonstance particulière, et principalement par une impulsion étrangère, leur nature est en général malfaisante: ainsi Homère se plaît à les dépeindre comme faisant crever les nuages d'où tombent la pluie et la grêle, bouleversant la mer et soulevant des montagnes de flots. Le Zéphire n'a presque jamais de son propre mouvement, dans les deux poèmes homériques, ce caractère bienfaisant qui lui est attribué plus tard. Compagnon de l'orageux Borée, il aime comme lui à troubler les airs et est presque toujours désigné par l'épithète d'*impétueux* [3]. Il en résulte qu'on ne sait pas bien, si, par ce complétif : et les autres vents orageux (καὶ ἄλλων ζαχρεῶν ἀνέμων), ajouté usuellement au nom de Borée dans Ho-

[1] Hom., Il., 21, 136.— [2] Volcker, Hom. Geogr., p. 76.— [3] Il., *passim.*

mère, il faut entendre les trois vents désignés nominativement, ou d'autres vents indéterminés. Un passage de l'Odyssée semble ne pas laisser place à cette dernière opinion : « Les vents emportent le radeau de tous côtés. Tantôt le vent du midi le laisse à l'Aquilon, et tantôt le vent d'orient le cède au Zéphire [1]. »

Ces divinités sont d'ailleurs tout à fait subalternes. Zeus et les autres dieux les calment, les dirigent à leur gré, et exercent sur eux une continuelle influence [2]. Ces données sont communes à l'Iliade et à l'Odyssée. Mais les deux poëmes ne s'accordent pas quant au séjour des vents. Le premier les fait résider en Thrace, ou du moins dans cette latitude : Iris, se rendant auprès d'eux pour complaire à Achille, traverse la mer de Thrace et les trouve assis à un festin dans les antres spacieux de Zéphire. A sa prière, Borée et Zéphire viennent embraser le bûcher de Patrocle et retournent dans leur demeure (οἶκόνδε), en franchissant l'Hellespont. Dans un autre passage de l'Iliade, il est dit que ces mêmes vents soufflent de la Thrace (Θρήκηθεν) [3].

L'Odyssée, tout en se conformant, en certains lieux, aux données que nous venons d'exposer,

[1] Odyss., 5, 278. — [2] Il. 12, 281 ; Odyss., 12, 149 ; 7, 266. — [3] Il. 23, 195.

précise ces notions vagues, et, par une contradiction singulière, soumet les vents au pouvoir d'un roi. Suivant ce poëme, ils résidaient dans l'île d'Éolie, sous la domination d'Éole, fils d'Hippotas, qui n'a rien de divin, mais qui, aimé de Zeus, reçut de lui la garde des vents, en sorte qu'il est maître de les retenir ou de les lâcher comme il lui plaît [1]. L'île d'Éolie, ceinte tout autour d'une forte muraille d'airain, dit Homère, et bordée en dehors de roches escarpées, est sans doute identique avec celle de Proconnèse, ou se trouvait auprès, dans la pensée du poëte. Du reste, cette souveraineté d'Éole sur les vents n'a aucune valeur, suivant Homère lui-même : il n'exerce qu'une fois son pouvoir dans tout le poëme, à chaque page duquel on voit Zeus, Poséidon, Athéné, et même Circé et Calypso [2], envoyer des vents favorables ou les déchaîner contre les vaisseaux d'Odysseus. De plus, les vents n'ont presque plus de caractère spontané, et figurent rarement comme phénomènes naturels.

En ajoutant à ces données que Zéphire fut père de Balius et de Xanthe [3], et qu'Éole rendit fécondes les cavales d'Érichthonius [4], on aura l'ensemble des traditions homériques sur les vents.

[1] Odys., 10, 21. — [2] Il. 12, 281; Odyss., 12, 149; 7, 266. — [3] Il., 16, 150. — [4] Il. 20, 220.

Postérieurement, on précisa de plus en plus l'être des vents. Dans Hésiode, ils sont nés d'Astrée et d'Éos ou de Typhon [1] : les premiers sont les vents favorables, Notos, Borée, Argestès et Zéphire; Typhée, vent funeste, est du nombre des derniers. Leur séjour est en Thrace. De là, la tradition qui faisait de Borée un fils du Strymon [2]. Postérieurement encore, on les plaça dans les îles Lipari [3]. Leur nombre s'agrandit d'ailleurs considérablement de très-bonne heure. Aristote, dans sa table des vents, les nomme : Borée (Aparctias), Mésès, Cæcias, Apéliotès, Euros, Phœnicias, Notos, Libs, Zéphire, Argestès (Olympias, Sciron), Thrascias [4]. Une autre table, reproduite dans le musée Pio-Clémentin, les classe ainsi : Aquilon, Borée, Vulturne, Cæcias, Solanus, Aphéliotès; Eurus, Euroauster, Euronotus; Austroafricus, Libonotus; Africus; Libo; Favonius, Zéphyrus; Chorus, Japyx; Circius, Thracias; Septentrion, Apartias [5]. Dans les Orphiques, les vents sont fils de Rhée [6].

[1] Hes. Theog., 378, 869. — [2] Schol. Apoll. A., 1, 212. — [3] Virg. Æn., 1, 52. — [4] Meteor., 2, 6. — [5] Gottling ad Hes., p. 39. — [6] Orph. H. 13.

§ VI. — Phénix.

Légende usuelle : « Oiseau fabuleux dont les Égyptiens avaient fait une divinité. Ils le représentaient grand et fier comme un aigle, une houppe de pourpre sur la tête, les plumes couleur de pourpre et d'or, les yeux étincelants comme des étoiles. Il habitait les déserts de l'Arabie, et y vivait de cinq à six cents ans. Lorsqu'il voyait sa fin approcher, il se formait un bûcher de bois et de gomme aromatiques, sur lequel il se consumait. De la moelle de ses os naissait un ver, d'où bientôt se formait un autre Phénix. Les premiers soins du fils étaient de rendre à son père les honneurs de la sépulture, et de transporter son corps enduit de myrrhe à Héliopolis, dans le temple du Soleil. Il est à croire que le Phénix n'était qu'un symbole de l'immortalité de l'âme et de la résurrection, inventé par les prêtres égyptiens [1]. »

Légende réelle : Oiseau fabuleux qui, suivant les Égyptiens, venait tous les cinq cents ans d'Arabie à Héliopolis pour rendre les derniers devoirs à son père, qu'il embaumait dans la myrrhe. Il était semblable à un aigle, et ses plumes jetaient des

[1] Bouillet, Dict. d'ant., *s. v.*

reflets de pourpre et d'or [1]. On rapporte encore sur lui diverses traditions. — *a*. Quand le Phénix sentait approcher la fin de sa vie, il se construisait en Arabie un nid, auquel il communiquait la faculté génératrice, et d'où sortait bientôt un jeune Phénix qui brûlait son père sur l'autel du Soleil [2]. — *b*. Oiseau indien qui, après avoir atteint l'âge de cinq cents ou de quatorze cent soixante et un ans, se brûlait lui-même [3]. — *c*. Il n'y avait jamais en même temps qu'un seul Phénix, lequel se formait un nid de plantes aromatiques. De son cadavre sortait un ver que la chaleur fécondante des rayons du soleil transformait bientôt en un oiseau splendide. Chaque Phénix venait mourir en Égypte au bout de sept mille six ans [4]. — *d*. Quand le Phénix a vécu cinq cents ans, il se construit un bûcher aromatique, se place dessus et meurt. Mais du cadavre putréfié sort bientôt le même oiseau rajeuni, qui, saisissant les os, les porte embaumés dans la myrrhe à Héliopolis, où il les brûle [5]: — *e*. Son nid est aux sources du Nil. Au moment de mourir pour bientôt renaître, il entonne comme le cygne un chant de mort [6].

[1] Herodot., 2, 73. — [2] Tacit. Ann., 6, 23. — [3] Lucian. de M. Per. 27. — [4] Tzetz. Chil., 5, 397; Plin., 10, 2; Ov. Met., 15, 392. — [5] Pomp. Mel., 3, 8; Stat. Silv., 2, 4, 36. — [6] Philostr. V. A., 3, 49.

CHAPITRE III.

EXTENSION DE LA MÉTHODE A UN PLAN GÉNÉRAL.

—

§ Ier. — Variations des types divins.

Les exemples rapportés dans le chapitre précédent ont dû prouver suffisamment au lecteur combien était défectueuse la méthode employée par nos devanciers pour exposer les systèmes religieux de l'antiquité. Lorsqu'on explore ces systèmes dans les traditions des divers âges et des différentes contrées du monde antique, on ne trouve nulle trace de cette prétendue unité que représentent nos livres classiques. A en croire ceux-ci, le prêtre mystique de Samothrace, le Romain barbare et l'élégant Athénien auraient récité un symbole de foi identique, et cru pieusement la même légende. Il n'en est rien. Les faits établissent d'une manière positive cette négation, que la raison eût pu d'ailleurs énoncer *à priori*.

En effet, si l'on considère, par exemple, ce qu'ont avancé nos mythologues, que, chez les Grecs, Saturne était le dieu du Temps, et qu'Hésiode rapporte son mythe, on verra que cette assertion est encore moins vraie que la suivante : les Hébreux adoraient Allah, dont les prophètes célèbrent la puissance. Cette dernière affirmation paraîtra un monstrueux anachronisme à tout homme doué d'une médiocre instruction. Pourquoi accepterait-on la première, qui n'est pas mieux fondée? Saturne, dieu latin, et Kronos, dieu grec, appartiennent à deux systèmes religieux différents; certaines analogies ont pu porter les Romains à les identifier entre eux, mais la critique moderne n'en doit pas moins les séparer, en raison des traits spéciaux qui les caractérisent.

On en peut dire autant de la plupart des autres habitants de l'Olympe : les Grecs n'adoraient nullement Jupiter, Junon, Vulcain, Mars; chez eux, les dieux de l'intelligence suprême, du mariage, des arts mécaniques, de la guerre, s'appelaient Zeus, Héra, Héphæstos, Arès, et des différences tranchées les séparaient de leurs synonymes latins.

Il est donc évident que, pour se conformer aux exigences rigoureuses de la critique, telle qu'elle s'est constituée chez les modernes, il importe d'isoler complétement les deux systèmes hellénique et latin. Une semblable tendance s'est manifestée dans la poésie, et doit sans doute son impulsion première à Chénier.

Mais ce n'est point là toute l'œuvre à accomplir. Il existait entre certaines races fixées sur le sol grec des différences non moins fondamentales que celles qui séparaient les peuples de l'Hellade de ceux du Latium. Les races montagnardes avaient un génie âpre et rude, qui formait un contraste prononcé avec l'esprit ingénieux et élégant des habitants des côtes : les croyances de ces peuplades devaient donc différer entre elles. C'est, en effet, ce que l'examen des faits nous démontre, non pas tant pour Sparte et Athènes que pour l'Arcadie, la Thrace, la Phrygie, etc.

De plus, et même après l'extension d'un culte dominateur sur des contrées et des territoires originairement étrangers à son essor, l'unité religieuse souffrait des altérations plus ou moins graves, parce que, conformément aux lois de la vie, chaque membre de l'organisme grec avait, indépendamment de sa vie de relation subordonnée à l'ensemble, une vie particulière et originale. Dans chaque bourgade le temple avait son héros, la source sa naïade, le ruisseau son dieu, inconnus au village voisin, de même qu'en France on honore dans certaines provinces du Midi des saints complétement ignorés dans les départements septentrionaux. Les héros principaux qui appartenaient à toute la Grèce étaient localisés, sous leur nom propre ou sous une autre appellation, dans des contrées étrangères à leur mythe. Quelquefois telle ville, telle province ajoutait seulement à leur légende un trait particulier.

Ainsi, l'Attique, l'Argolide, l'Arcadie, la Laconie se disputaient l'honneur d'avoir lavé Oreste de son crime; on montrait à Trézène, devant le temple d'Artémis Lycie, une pierre sacrée où neuf Trézéniens l'avaient purifié [1]. En face du temple d'Apollon Théorios, se trouvait la hutte où le malheureux Atride s'était retiré, personne ne voulant le recevoir avant sa purification; un laurier, qui avait poussé auprès, indiquait le lieu où l'on avait enseveli les objets qui avaient servi à la cérémonie [2]. A trois stades de Gythium en Laconie, était une pierre connue sous le nom de Zeus Kappotas ou Kapautas (Zeus qui fait cesser); là, disait-on, le maître des dieux avait guéri Oreste de sa folie [3]. Enfin à Mégalopolis en Arcadie, on voyait un temple où Oreste avait été saisi par le délire, et une colline où les Érinnyes s'étaient montrées

[1] Paus., 2, 31, 7. — [2] Ib., 2, 31, 11. — [3] Ib., 3, 22, 1.

à lui ; le malheureux s'étant dévoré un doigt, les déesses prirent des formes moins effrayantes, et aussitôt il fut guéri. La colline garda le nom d'Acé (guérison), en mémoire de cet événement. Non loin de là, était le sanctuaire d'Acésis, où Oreste consacra sa chevelure [1]. Les auteurs syncrétistes ont souvent essayé d'arranger ces diverses traditions dans un ordre chronologique ; mais il est évident qu'elles n'ont aucune liaison de succession, et qu'elles ne sont que les faces multiples d'une même idée.

Le développement qui devait nécessairement résulter du mouvement de la vie, et qui se manifeste sous deux formes principales, altération de la pureté des mythes primitifs et moralisation des légendes barbares de l'antiquité, ce développement venait ajouter encore à la confusion en faisant avancer certaines races, tandis que d'autres, pour des causes diverses, gardaient, sans les modifier autant, les légendes premières. Ainsi, juxta-position des cultes arcadien, thrace, dorien, phrygien, des croyances locales de chaque ville ; mélange incessant de ces systèmes divers ; modification de ces systèmes dans le temps et suivant une progression différente pour chaque localité ; puis, par-

[1] Paus., 8, 34, 1-2.

dessus tout cela, identification des conceptions étrusques avec les mythes grecs, voilà le réseau que la mythologie nous a légué, et que les anciens mythographes ont embrouillé par leurs tentatives d'explication. Leurs prétendus éclaircissements, dans lesquels on voit figurer côté à côte les légendes des époques les plus distantes, et portant les caractères les plus opposés, n'ont aucune valeur critique; car, s'il est vrai que Pausanias, Plutarque, Apollodore, sont supérieurs aux mythographes modernes, en ce qu'ils ont noté les divergences des traditions, ils ont manqué, aussi bien que ces derniers, de cet esprit de critique qui ne classe les faits qu'après les avoir étudiés d'une manière spéciale.

Aujourd'hui, on s'aperçoit facilement des teintes, si l'on peut ainsi parler, qui colorent chaque époque, et marquent chacun des éléments qui s'y meuvent. Mais ceci n'est vrai que pour la généralité; car, appliquer cet axiome aux mythes des diverses races habitant une contrée, ce serait oublier que toutes n'ont pas le même point de départ et ne se meuvent pas avec la même vitesse. En considérant donc seulement les points généraux, d'abord isolément, puis ensuite d'une vue d'ensemble, on pourra se rendre compte de la marche de l'esprit humain dans ses conceptions, quelles qu'elles soient, et ensuite les caractériser.

C'est par un semblable examen qu'on arrive à cette conviction, que dans la religion primordiale des peuples helléniques, Zeus était un Dieu-nature [1]; ainsi le prouvent la consécration du chêne, dont les fruits nourrissaient les premiers hommes, le lait, le miel et la corne d'abondance, figurant, dans les traditions crétoises, l'opinion qui soumettait à son pouvoir immédiat la pluie, les saisons, l'année [2]. Plus tard, un développement se manifeste; et déjà à l'époque homérique, Zeus apparaî comme divinité nationale et politique des Grecs, comme roi et père des hommes, comme fondateur et vigilant protecteur de toutes les institutions consacrées par les lois, les mœurs et la religion.

En rapprochant du Zeus homérique les conceptions du Destin, des Kères, des Moiræ, considérées à la même époque, puis dans un âge plus avancé, on remarque un second développement non moins intéressant que le premier. Dans Homère, Zeus seul, parmi les dieux qui se passionnent pour tel ou tel de leurs favoris, reste immuable dans sa volonté, et prend plaisir à voir les immortels descendre de leur rôle divin, pour se livrer aux grossières passions qui agitent le cœur

[1] Jacobi, Myth. Wœrterb, p. 889. — [2] Il., 2, 135.

des hommes. Le Destin, la Moira, qui a mission de diriger d'une manière insensible la vie humaine selon les décrets d'en haut, ne domine pas, avec une volonté de fer, les actions des mortels [1]; c'est Zeus qui pèse la Kère, le destin de chacun, et le modifie à son gré; quand le malheureux est sur le point d'être entraîné, le maître de l'Olympe peut le sauver encore [2]. L'homme lui-même peut influer sur son destin, sur sa Moira, qui ne détermine son sort que d'une manière relative [3]. Ainsi, Egisthe, averti par Zeus, pouvait s'épargner les maux qui l'accablèrent, en ne séduisant pas la femme d'Agamemnon. Plus tard, et surtout chez les Romains, le Destin devient le maître suprême; Zeus lui-même est soumis à la volonté des Moiræ, qui dirigent le gouvernail de la Nécessité [4]. Il faut pourtant remarquer que dans Eschyle, par exemple, le Destin n'est jamais cruel ou envieux, quoique les personnages sur lesquels il pèse le nomment souvent ainsi. Ce sont les hommes eux-mêmes qui s'attirent leurs maux, ils expient les crimes de leur race ou de leur famille : et dans ce dernier cas même, l'innocent qui souffre pour des crimes qui ne sont pas les siens, en est souvent dédommagé plus tard. De même,

[1] Il., 6, 613; 22, 5. — [2] Id., 8, 69; 22, 209; 19, 108; 16, 434. — [3] Odyss., 1, 34. — [4] Esch. Prom., 515; Hérodot., 1, 91.

dans Sophocle, Œdipe n'est pas livré aveuglément à la nécessité. Type effrayant de l'homme poursuivi par la puissance du Destin, si l'on considère isolément les diverses parties de son mythe, il apparaîtra sous un autre aspect, quand l'œil aura embrassé d'une vue d'ensemble les membres de cette grandiose composition; l'*Œdipe à Colone* témoigne que la croyance antique ne livrait pas la volonté humaine à l'arbitraire d'une puissance fatale, sans lui laisser l'espoir de la réhabilitation; c'est ainsi qu'Œdipe, après une vie agitée et pleine de forfaits auxquels son cœur n'a point pris part, vient mourir glorieusement dans le sanctuaire des Euménides. Postérieurement, l'idée du Destin se développe de plus en plus, au point d'absorber la puissance de Zeus : *Parcarum tanta vis, ut plus possint quam cœlites universi*[1].

Nous ne pensons pas qu'on se soit demandé la raison de ces modifications successives; elles forment cependant un point très-important de l'histoire gréco-romaine, puisqu'elles avaient pour but, dans le plan providentiel, de préparer peu à peu le monothéisme. En fait, celui-ci se trouvait à peu près admis chez les philosophes et les lettrés,

[1] Lactant. Inst., 1, 11, 13.

lorsque la religion hébraïque vint donner une forme définitive à la théurgie alexandrine, trop métaphysique pour les masses.

L'être de Zeus, qui contenait en soi un élément moral dans le polythéisme homérique, perdit, d'un côté, sa grandeur, à mesure que la licence des poëtes surchargeait son mythe de puérils détails variés à l'infini, et développait les légendes des autres divinités, de manière à effacer la suprématie du maître de l'Olympe. D'un autre côté, cet élément fatal, qui paraît exister dans le monde moral comme dans le monde physique, se développant peu à peu aux yeux des populations par le progrès des sciences, on se rappela, pour ainsi dire, que Zeus n'était pas le premier des dieux. Avant lui, avaient existé la Terre et le Ciel; avant lui avaient existé certains dieux et même *les hommes de la race d'or* [1]. Donc, avant lui, il y avait des lois physiques et morales dont la puissance du fils de Kronos ne pouvait rendre compte. « Si Zeus frappe les parjures au moyen de la foudre, pourquoi donc frappe-t-il ses propres temples, le promontoire de Sunium et les grands chênes? Pourtant, un chêne n'est point parjure! [2]. »

[1] Hes., Theog. — [2] Aristoph. Nephel.

Au fur et à mesure du développement de ces idées, les peuples grecs s'habituèrent donc à réduire peu à peu le pouvoir du maître, tandis qu'ils augmentaient celui des subordonnés en rapprochant les unes des autres des créations primitivement dissemblables. Ainsi, ces divinités mystérieuses, les Moiræ, la Nécessité, Æsa, les Kères, ces divinités dont la légende, phénomène remarquable, est nue comme une équation, grandissaient sourdement pour s'emparer du monde moral sous le nom de Destin, déité inexorable, qui n'a ni forme ni mythe, et qui n'est que l'expression abstraite de la loi éternelle des mondes.

Que pouvait cette faible conception de Zeus, précédée et accompagnée de conceptions plus fortes, souillée d'ailleurs par d'impures légendes, en face de l'impérieux besoin d'unité morale, sous le souffle duquel les peuples marchaient à une nouvelle forme sociale? Les âmes, avides de croyances, jetèrent au néant tout le Panthéon olympique, trop étroit pour les grandes idées du siècle; et tandis qu'elles confiaient à Pan *les lois de la nature* [1], et préparaient ainsi l'unité d'aspect des sciences naturelles, Zeus, déposséd du monde physique par son *maire du palais*, se

[1] Hymn. Orph., X.

trouvait également banni du monde moral par le Destin, être immuable, dont le caprice n'influait jamais sur les lois éternelles. Or, de là au monothéisme chrétien, il n'y avait qu'un pas.

On remarque de même dans le mythe de Héra des altérations fondamentales. Originairement cette déesse est subordonnée à son mari; chaste épouse, elle préside à l'institution du mariage, et sa légende n'est souillée d'aucune de ces impuretés qui fourmillent dans les mythes de l'antiquité : elle est même une épouse-vierge (Parthénia). Pausanias rapporte une tradition d'après laquelle la déesse recouvrait chaque année sa virginité en se baignant dans la source de Canathos [1]. Hermione et Platée l'adoraient sous ce nom de Junon Parthénia [2].

Plus tard, on méconnut complétement ce côté essentiel du caractère de la déesse, en la faisant mère d'Eurymédon [3], né d'un commerce criminel avec Prométhée, et en lui supposant des relations amoureuses avec Palique et avec le bel Aétos [4]. Ces dernières traditions sont posthomériques, et il est nécessaire de le constater; autrement on ne

[1] Paus., 2, 38, 2. — [2] Cf. Schol. Pind. Ol. 6, 149. — Paus., 9, 2, 5. — Steph. Byz., v. Hermion. — [3] Eust. ad Hom., p. 987, 15. — [4] Serv. Virg., Æn., 1, 393; 9, 584.

pourrait comprendre comment la sévère institution du mariage eût été mise sous la présidence d'une déesse dissolue, que ces mêmes traditions exposent *nue* aux regards de Pàris.

On notera aussi que, *simple femme* de Zeus aux temps homériques, elle devient plus tard *reine des dieux*, et emporte une partie de ce pouvoir que la décomposition du polythéisme enlève de toutes parts au maître de l'Olympe.

On peut s'arrêter de même avec intérêt sur la prétendue identité du Soleil et d'Apollon. Dans la poésie moderne, il n'y a aucun doute à cet égard; mais l'antiquité n'était pas aussi certaine de cette équivoque conformité des mythes.

Dans les poètes grecs et chez les Romains, Apollon et le Soleil paraissent, il est vrai, à peu près identiques. Mais si l'on remarque que le dernier est déjà, dans Homère, le dieu qui voit tout [1], qu'il punit les mauvaises actions, qu'il épie les dieux et les hommes [2], que la croyance vulgaire lui attribuait la faculté fatidique, et d'un autre côté qu'Apollon a aussi dans Homère un caractère analogue, et qu'il porte le surnom de Phœbos (brillant d'une lumière intellectuelle [3]), on ne

[1] Il., 3, 277; 14, 345. — [2] Apollon. A., 4, 229. — [3] Hom., h. in Cer. 62; Il., 1, 43, 443.

s'étonnera pas de la confusion qui a dû se produire entre ces deux divinités.

On croit retrouver les premières traces de cette identification dans Eschyle [1]. Pindare emploie, en parlant du fils de Léto, des expressions presque identiques avec celles par lesquelles Homère désigne l'astre du jour : « C'est le Dieu qui sonde tous les cœurs, l'infaillible, que les immortels et les mortels ne peuvent tromper ni par leurs actions ni par leurs plus secrètes pensées [2]. »

Il paraît que la philosophie naturelle établit la première, entre Apollon et le Soleil, ces rapports qui furent développés et affermis plus tard par Euripide [3]. Mais il faut cependant remarquer que ces deux divinités n'ont jamais été identifiées d'une manière complète; ainsi, les poètes grecs n'ont point représenté Apollon guidant le char du Soleil, et les latins postérieurs à Virgile l'ont rarement fait. De même, les artistes ont toujours distingué le premier du second, en lui donnant une figure plus pleine, une taille plus robuste et plus ramassée, et une chevelure qui, relevée sur le front, retombe sur les tempes et sur le cou.

Quant à l'identification du Soleil avec Zeus et Dionysos, dans la Théosophie orphique [4], elle n'a

[1] Suppl., 198. — [2] Pind., P. 3, 29. — [3] Jacobi, Mythol. Wœrterb., p. 878. — [4] Orph. h. 7, 13. Macrob., Sat. 1, 18.

pas plus de fondement que les autres doctrines de cette école mystique.

Artémis a été identifiée de même avec la lune, surtout dans la mythologie romaine; cette identification venait d'analogies plus ou moins réelles, et non point d'une parité de conception. La Diane qui figure dans nos mythologies se compose d'ailleurs de plusieurs types rassemblés en un seul, qu'on discerne aisément.

1° L'Artémis, sœur d'Apollon, est une sorte d'Apollon féminin, représentant comme femme la même idée que cette divinité, dont elle partage la puissance et les attributs : aussi dans Eustathe est-elle prise grossièrement pour l'épouse d'Apollon [1]. Terrible comme son frère, elle l'assiste dans ses vengeances, frappe d'épidémies cruelles les hommes et les troupeaux [2], et se plaît surtout à percer les femmes de ses flèches acérées : de là, ses noms d'*Apollousa*, la destructrice; de *Iochéaira*, qui se plaît au jet de la flèche; de *Toxophoros*, l'archer; de *Chrysélakatos*, à la flèche d'or [3]. Sa main n'est cependant pas toujours armée du trait fatal; parfois elle s'apaise, détourne les calamités qui frappent les hommes, et s'offre à leur adoration comme la divinité qui bénit et gué-

[1] Eustath., p. 1197, 39. — [2] Callim. h. in Dian., 125. — [3] Hom. *passim*.

rit les douleurs [1]; alors on la nomme *Artemès* (Artémis), qui sauve, *Sotèira, Sospita.* L'heureux mortel qu'elle a honoré d'un regard bienveillant voit ses troupeaux prospérer : la concorde règne dans sa maison, et il attend, au sein du bonheur, une vieillesse tranquille [2]. Du reste, si la colère obscurcit quelquefois son front, ce n'est jamais sur le jeune âge qu'elle jette un regard farouche; elle protége les enfants et aime tout ce qui commence à vivre [3]; de là, ses noms de *Courotrophos* [4], *Philomérax*, *Paidotrophos* [5] : « C'est Artémis, dit Diodore, qui guérit les petits enfants [6]. » Les jeunes troupeaux et le gibier étaient aussi chers à la sœur d'Apollon; aussi la regardait-on comme la divinité tutélaire des champs et surtout de la chasse, et la désignait-on par les appellations d'*Eurippa* [7], de *Hipposoa* [8], d'*Élaphébolos* [9], de *Céladeiné* [10] (qui aime le fracas de la chasse). Comme Apollon, Artémis ne se maria jamais; jamais elle ne fut domptée par l'Amour [11]. Sa pudeur farouche n'aurait pu souffrir d'autres prêtresses que de jeunes vierges parfaitement chastes et pures; ses prêtres eux-mêmes devaient être soumis aux lois de la chasteté [12].

[1] Il., 5, 447. — [2] Kallim., *l. c.* — [3] Æsch. Ag., 142. — [4] Orph. h. 35, 8. — [5] Paus., 4, 34, 3. — [6] Diod., 5, 73. — [7] Paus., 8, 14, 4. — [8] Pind. Ol. 3, 27. — [9] Il., 21, 509, 485. — [10] Hom. h. in Dian., 2. — [11] Soph., Elektr., 1220. — [12] Paus., 7, 19, 1; 8, 13, 1.

Douée d'une grande beauté et d'une stature majestueuse [1], Artémis donnait une taille élancée aux jeunes filles [2]. Quoiqu'elle ne sût pas toucher la cithare, elle venait chez Apollon à Delphes, et y dirigeait les chœurs des Muses et des Charites [3]. La tradition ne la met pas au nombre des divinités qui rendaient des oracles; elle devait cependant à sa parenté avec le dieu prophétique les titres de *Divinité protectrice de Pytho* [4] et de *Sibylle de Delphes* [5], ceux de *Prostatéria* [6] et de *Propylæa* [7]; car, comme l'Apollon *Agieus*, elle protégeait les villes et les rues; ceux d'*Archégétis* et d'*Hégémone* [8]. Enfin, la consécration du laurier et l'adoration à Délos lui étaient communes avec son frère; c'est dans l'île sainte, où nul bruit profane ne devait se faire entendre, que les jeunes filles hyperboréennes lui apportaient leurs offrandes [9].

2° Artémis l'arcadienne, ou la déesse des nymphes. Cette divinité, objet d'un culte très-étendu et tout à fait particulier à l'Arcadie, n'avait aucun rapport avec Apollon et les autres déesses qui portaient le nom d'Artémis. Son symbole était une

[1] Odyss., 6, 151. — [2] Id., 20, 71. — [3] Hom. h. in Dian., 10, 15. Il., 6, 182. — [4] Pind., N., 9, 5. — [5] Suid., *s. v.* — [6] Æsch., Sept. c. Theb., 450. — [7] Paus., 1, 38, 6. — [8] Id., 8, 36. — [9] Herodot., 2, 32, 35. Paus., 3, 24, 6.

ourse [1], et le système d'eaux courantes du pays jouait un grand rôle dans les mythes qui la concernaient. Ainsi, les nombreux surnoms sous lesquels elle était adorée sont tous dérivés de noms de fleuves ou de montagnes ; les lieux théâtres de son culte se trouvaient au bord des fontaines, des lacs ou des rivières [2] ; enfin, du milieu de ses temples jaillissaient souvent des sources vives [3], et les poissons lui étaient consacrés [4]. Divinité chasseresse, elle parcourait les bois et les vallées du Taygète, de l'Érymanthe et du Ménale, perçant les animaux sauvages de flèches qui avaient été forgées par les Cyclopes, et animant à la course ses chiens, présent du dieu Pan. Elle avait habituellement un cortége de vingt nymphes, appelées Amnisiennes, du fleuve Amnisos en Crète, et dirigeait la danse de soixante autres nymphes, toutes filles de l'Océan [5].

Cette Artémis était surtout révérée à Sicyone, à Épidaure, auprès de Messène, à Limné, à Tégée, à Corinthe, etc. [6]. Atalante, amazone arcadienne, allaitée par une ourse, et qui jouissait de la faculté de faire jaillir l'eau des rochers, et Kallisto, paraissent n'être que deux faces diverses de l'Artémis d'Arcadie [7].

[1] Paus., 8, 5, 3. — [2] Id., 2, 7, 6 ; 3, 23, 6 ; 4, 4, 2 ; 4, 31, 3. — [3] Id., 2, 3, 5 ; 3, 20, 7. — [4] Diod., 5, 3. — [5] Kallim., *l. c.* Cf. Apollod., 2, 5, 3. — [6] Voyez notes 1, 2, 3. — [7] Jacobi, Myth., Wœrterb., p. 137.

3° L'Artémis taurique, Brauronie, Orthie, Orthosie, Iphigénie, Hékate. On entrevoit, à travers l'obscurité des traditions qui se rapportent à cette déesse, que son culte se célébrait par des orgies et par des sacrifices humains [1]. Ces cérémonies sanglantes avaient lieu, suivant le dire des Grecs, en Tauride, d'où Oreste et Iphigénie apportèrent la statue d'Artémis à Brauron [2]. Elle fut révérée comme une déesse nationale, dans cette ville, ainsi qu'à Athènes et à Sparte, où Lycurgue substitua aux sacrifices humains l'usage, plus doux, de la flagellation. Les Lacédémoniens la nommèrent Orthie, appellation dont on n'a pas d'étymologie certaine [3]. Une autre tradition, rapportée dans Servius [4], dit qu'Oreste et Iphigénie ayant pris à Aulis la statue de la déesse, l'apportèrent à Aricia, cachée dans un faisceau de sarments; ce qui valut à Artémis le surnom de Fascelis, Phacélitis. Cette Artémis taurique portait aussi le nom d'Iphigénie, sous lequel plusieurs villes la révéraient : « Les Tauriens eux-mêmes, dit Hérodote, affirment que la déesse à laquelle ils sacrifient, est la même qu'Iphigénie, fille d'Agamemnon [5]. » Celle-ci, destinée d'abord à être sacrifiée, puis sauvée par la déesse, devint sa prêtresse, et reçut

[1] Eurip., Iph. Taur., 36. — [2] Paus., 1, 23, 9. — [3] Müll. Dor., 1, 381. — [4] Virg., Æn., 2, 116. — [5] Herodot., 4, 103.

le nom d'Hékate avec l'immortalité [1]. Comme Hékate ou déesse lune, Artémis prend divers surnoms : Aithopia, Phosphoros, Dadouchos, Amphipyros, Pyrphoros, Lucifera ; ces deux dernières épithètes désignaient aussi la déesse de la chasse, qui portait des flambeaux [2].

A l'Artémis taurique correspond enfin, sous divers rapports, l'Artémis Tauropolos, déesse des taureaux, ou reine des Tauriens. Son culte était sanglant et portait le caractère du délire, puisque c'est à cette divinité que le chœur de l'*Ajax* de Sophocle attribue la fureur qui a saisi le héros [3]. Il paraît que dans tous ces mythes relatifs à l'Artémis taurique, ou à Hékate, des traditions grecques qui se rapportaient à d'anciennes divinités de la nature se sont confondues avec les fables et le culte des divinités asiatiques, dont les symboles étaient au ciel la lune, et sur la terre la vache [4].

4° Artémis Britomartis ou Dictynne. Ce nom est communément dérivé de βριτώ, *bonne*, *bienfaisante*, et de μάρτις (μαρνά), *vierge*. Britomartis paraît avoir été, dans l'origine, une déesse de la nature révérée par les chasseurs et les pêcheurs de la Crète [5], divinité indigène, distincte d'Artémis, bien que, dans son essence, elle eût avec elle une étroite

[1] Paus., I, 43, 1. — [2] Soph., Trach., 213. — [3] Soph., Aj., 172. — [4] Jacobi, Myth., Wœrterb, p. 139. — [5] Paus., 3, 14, 2.

affinité. Mais, lorsque le culte de l'Artémis dorienne se fut introduit en Crète, les deux divinités, en raison de cette affinité d'essence, entrèrent dans un rapport intime. Britomartis se transforma en une nymphe compagne de la déesse et aimée d'elle[1]. Suivant le scholiaste d'Aristophane, sauvée par elle dans un danger, elle lui érigea un temple[2]; ou bien, suivant le scholiaste de Callimaque[3], Artémis emprunta de son amie le nom de Britomartis, et fut révérée en Crète sous ce nom. Puis toutes les deux finirent par se confondre en un même être; Britomartis devint fille de Léto[4].

Les mythes relatifs à Britomartis considérée comme nymphe forment deux groupes distincts : *a*. Britomartis était fille de Zeus et de la fille d'Eubulos, Karmé; c'était une nymphe de Gortyne. Elle se plaisait aux courses vagabondes et à la chasse, et devint ensuite chère à Artémis. Poursuivie (depuis neuf mois[5]) par Minos, qui l'aimait, elle tomba en fuyant dans une rivière, et se prit dans les filets d'un pêcheur; ou, suivant un autre récit, elle se précipita du haut d'une montagne dans la mer, où elle se trouva de même prise dans des filets : Artémis la délivra, puis elle

[1] Kallim. h. in Dian., 189; Paus., 2, 20, 3. — [2] Ran., 1402. — [3] Schol. Kall., *l. c.* — [4] Eurip., Iph. Taur., 126; Aristoph. Ran. 1358. — [5] Kallim., *l. c.*

l'éleva à la dignité de déesse. La nouvelle divinité fut révérée non-seulement en Crète, mais aussi à Égine, où elle se nommait Aphæa. En Crète, on l'appelait Dictymna ou Dictynna (de δίκτυον, *filet*) [1]. — *b*. Elle était fille de Zeus et de la fille de Phénix, Karmé. Elle aimait la solitude, et avait fait vœu d'éternelle virginité. De la Phénicie elle se rendit à Argos, auprès des filles d'Érasinos, Byzé, Mélité, Mæra et Anchiroë. De là, elle passa jusqu'à Céphallénie, dont les habitants lui rendirent des honneurs divins sous le nom de Laphria. Elle se transporta ensuite en Crète, où Minos la poursuivit; mais elle se réfugia chez des pêcheurs, qui la cachèrent sous leurs filets. Elle prit de là le nom de Dyctinna, et fut révérée comme une divinité. Un marinier (Andromèdes) la conduisit de Crète à Égine. Là, menacée de violence, elle s'enfuit de la barque dans un bois sacré de l'île, où son temple se voyait dans la suite, et, étant entrée dans le sanctuaire d'Artémis, elle disparut. Les Éginètes la nommèrent Aphæa, et lui consacrèrent un temple [2].

Britomartis était donc primitivement la grande et spéciale divinité d'une tribu adonnée à la pêche et à la marine; comme telle, déesse des ports et

[1] Paus., 2, 30, 3; Kallim., *l. c.* — [2] Ant. lib., 40.

protectrice de la navigation : peut-être est-ce de son culte que celui d'Artémis a emprunté cet élément, lorsque les deux divinités s'identifièrent. Aussi les temples de Britomartis aussi bien que ceux d'Artémis étaient-ils généralement placés sur le bord de la mer [1]. Elle semble d'ailleurs avoir été conçue aussi comme déesse de la lune. En effet, sur des monnaies romaines du temps de l'empire, Dictynna est représentée avec le croissant. Elle a été aussi identifiée avec Hékate [2].

5° Artémis Ilithyie. Artémis fut dans l'origine très-distincte d'Ilithyie. Ces deux déesses se dessinent même comme deux divinités rivales. Ainsi, avant que la seconde ait pu secourir la fille de Phlégyas, celle-ci meurt percée de flèches par la sœur d'Apollon, qui figure là comme Ilithyie funeste [3]. Mais Artémis n'est pas seulement une déité terrible, elle protége, comme nous l'avons vu, tout ce qui est jeune et faible ; et cette transition se répète sous cette nouvelle face du caractère de la déesse, qui apparaît dans Horace comme déesse Lucine (*dea Lucina* [4]), comme Ilithyie favorable. Aussi dès le moment de sa naissance exerce-t-elle cette fonction, et la voit-on aider sa mère à mettre Apollon au jour [5]. On comprendra facilement, du reste, la

[1] Spanh. Kallim. h. in Dian., 39 et 259. — [2] Schol. Eur., Hippol., 141. — [3] Pind., P. 3, 9. — [4] Carm. Sec., 14. — [5] Kallim., *l. c.*

confusion qui s'est opérée entre les rôles des deux déesses, si l'on remarque qu'Ilithyie, quoique fille de la déesse du mariage et accoucheuse divine, a quelque chose de virginal, comme la fille de Léto. Elle n'a ni époux ni amant; elle punit les fautes des jeunes filles par les douleurs de l'enfantement; elle n'aime pas les mères trop fécondes[1].

6° Artémis d'Éphèse. Cette déesse, qui n'a aucun rapport avec l'Artémis des Hellènes, paraît avoir été la personnification de la puissance toute fertilisante et toute nourrissante de la nature, à laquelle les Grecs donnaient, on ne sait par quelle analogie, le nom d'Artémis. Elle était fille de Latone; sa nourrice s'appelait *Ammas*[2]; son symbole était l'abeille, et son pontife portait le nom d'Ἐσσήν, roi des abeilles[3]. Dans son temple magnifique à Éphèse, où les Amazones, dit-on, établirent son culte, se trouvait son image, sous la forme d'une momie, la tête chargée d'une couronne, et le sein fourmillant de mamelles. Son sanctuaire n'était accessible qu'aux jeunes filles vierges; ses prêtres étaient des eunuques[4].

Chez les Romains, Diane était adorée comme

[1] Theokr., 27, 28; Apollon. A., 1, 289. — [2] Hesych., *s. v.* — [3] Paus., 8, 13, 1. — [4] Paus., 4, 31, 6; 7, 5, 2; Strab., 14, p. 641

déesse de la chasse; comme divinité qui assiste à la naissance; de là, les noms de *Genitalis*, *Lucina;* comme déesse de la lune (*Hecate*, *Luna*, *Noctiluca*), qui dans la nuit sombre et silencieuse préside aux pratiques mystérieuses et magiques [1], et qui est invoquée par les amants.

L'histoire du mythe de Rhée offre encore plus de confusion :

Cette déesse est à peine mentionnée dans Homère, qui rapporte seulement qu'épouse de Kronos, et mère des Kronides, elle confia Héra, enfant, aux soins de l'Océan et de Téthys. La Théogonie d'Hésiode développe un peu sa légende : fille d'Ouranos et de la Terre, et épouse de Kronos, elle arracha Zeus à la mort en le cachant à Lyctos en Crète. Elle présenta ensuite à Kronos un bétyle, ou pierre enveloppée de langes, qu'il avala, croyant dévorer son enfant [2].

Un savant mythologue allemand, qui soupçonne d'interpolation les deux passages de l'Iliade [3] où le nom de Rhée se trouve mentionné, regarde la donnée d'Hésiode comme la plus ancienne qui nous soit parvenue sur cette déesse. Quoi qu'il en soit, l'apparition de la Crète dans ce fragment

[1] Hor., Épod., 5, 51. — [2] Hes., Théog., 446-449. — [3] 15, 187; 14, 204.

indique une époque comparativement peu reculée, où le collége sacerdotal de l'île avait déjà noué des relations avec le nord [1]. Nous laissons de côté l'opinion de Hœck, qui pense qu'Hésiode, ou le récit primitif auquel il s'est conformé, ont emprunté cette idée d'une Rhée théogonique aux légendes de la Cybèle asiatique, et considère en général la conception du Zeus crétois comme dérivée du culte de la nature, prédominant en Phrygie.

Primitivement, le culte de la mère de Zeus semble avoir été fort restreint. Les Thraces méridionaux lui donnèrent une certaine extension [2], en identifiant Rhée avec la déesse Kotys [3], analogue à Bendis et à Hékate, et avec Démèter [4]. De plus, ces peuples, dans le pays desquels se trouvait la fameuse grotte de Zérynthium, identifièrent aussi de bonne heure cette Rhée-Hékate avec la puissante divinité des mystères de Samothrace et de Lemnos. Ce ne fut pas là la seule cause de confusion. Les Thraces avaient formé de bonne heure en Asie-Mineure des établissements qui conservaient des rapports suivis avec la mère-patrie [5]; par ces colonies, ils apprirent à connaître

[1] Jacobi, Myth. Wœrterb., p. 780. — [2] Müll. Orchom., 379. — [3] Strab., 10, p. 470. — [4] Lobeck. Agl., 537. — [5] Strab., 10, p. 471.

le culte orgiaque d'une déesse qu'ils identifièrent encore avec Rhée; et, en cela, des Hellènes qui s'étaient établis comme eux en Asie-Mineure suivirent leur exemple, et assimilèrent à Rhée, dont ils avaient appris le culte dans leur patrie, cette déesse asiatique qui portait, à ce qu'on croit, le nom de Mâ. La Rhée première, déjà tant altérée, se compliqua encore : un élément dionysiaque s'introduisit dans son culte par l'influence thrace. Rhée, disait-on, avait initié Dionysos aux mystères en Phrygie [1]. On ajoutait, d'autre part, que Cybèle, la même qu'Hippa (Démèter changée en cavale), avait mis au monde ou nourri Sabazios sur le Tmole [2], et on concluait de là que Démèter, Perséphone, Rhée et Cybèle ne faisaient qu'une même divinité. Il se pourrait, en outre, qu'une Rhée-Cybèle, teucrienne ou dardanienne (Adrastée), dont Dardanos institua le culte, se fût mêlée, dans les contrées asiatiques, avec une Cybèle de Pessinonte, bien postérieure [3].

Ainsi, la Rhée thrace, dont la déesse de Lemnos et de Samothrace n'était qu'une variété, négligée d'abord par les Grecs, leur revint en premier lieu avec les mystères que les Thraces leur importèrent, puis du côté de l'Asie-Mineure par les rela-

[1] Apollod., 3, 5, 1. — [2] Orph., h., 47, 48. — [3] Welcker, Æsch. Tril., 201.

tions non interrompues entre la métropole et ses colonies, et qui formèrent une Rhée-Cybèle, composée de la Rhée primitive et de la mère des dieux asiatiques. On peut donc, en faisant abstraction de la religion de Samothrace, considérer sous deux aspects le culte et les mystères provenant de la Thrace.

a. Le culte de Zeus, tel qu'il existait en Crète. On confondit plus tard cette Rhée crétoise avec la grande mère phrygienne et lydienne. De l'île, le culte de Zeus gagna le Lycée en Arcadie et Olympie, suivant Hœck [1].

b. Les mystères de Démèter à Éleusis, et, à leur imitation, dans d'autres villes. Démèter était fille de Rhée [2], qui fut chargée par Zeus de la ramener dans l'Olympe [3]. Postérieurement, elle fut identifiée avec sa mère et regardée comme déesse de la terre. Il y a plus : dans le groupe de la triple Hékate, sculpté par Alcamène, conformément aux instructions mystiques des prêtres d'Éleusis, la figure qui porte une clef, et qu'on prend dans un sens étroit pour la déesse de la nuit, correspond aussi bien à la Perséphone infernale qu'à Rhée, déesse de la terre.

L'introduction des mystères d'Éleusis n'eut pas

[1] Kret., 1, 339-344. — [2] Hom. h. in Cer. 60. — [3] Id., ib., 442, 460.

lieu avant la trentième olympiade ; sur ces entrefaites on connut en Attique le poème d'Eumélos sur Kadmos à la recherche de sa sœur Europe, et propagateur du culte dionysiaque : on prit de là occasion de dire que Dionysos avait été initié par Rhée en Phrygie [1]. Pindare mentionne déjà le culte orgiaque de la Cybèle asiatique [2]. Un peu après, les deux ordres de mystères commencèrent à se confondre : ainsi, Euripide donne à Déméter l'épithète de μήτηρ ὀρεία, et lui attribue tout l'accessoire qui était auparavant l'apanage de Rhée [3]. D'autres fois, le même auteur confond le culte de la Rhée crétoise avec celui de la déesse phrygienne, et les orgies dionysiaques avec le culte de la Grande-Mère [4]. Plus tard, des charlatans étrangers introduisirent de nouvelles coutumes dans le culte de Rhée, mais ils ne trouvaient accès que dans le peuple [5].

On commettrait une grave erreur si l'on admettait comme générale la confusion d'idées qui avait lieu dans les dernières classes de la société. Il faut remarquer d'ailleurs que le culte simple et naturel de la déesse de la terre ne fut nullement dépossédé par celui de la Rhée mystique.

[1] Schol. Hom. Il., 6, 130. — [2] Strab., 10, p. 469. — [3] Eurip. Hel., 1304. — [4] Hippol., 141 ; Orest., 1454, 1527. — [5] Strab., 10, p. 471.

Nous parlerons plus bas de la Cybèle des Romains. Dans les Orphiques, le père de la Rhéo mystique se nomme Protogone; elle a pour enfants le Ciel, la Terre, la Mer, les Vents; elle est mère des dieux et des hommes. Honorée par un culte orgiaque, elle amène avec elle la paix et les richesses, et relègue les calamités aux confins du monde. Le même recueil contient un hymne à la mère des dieux et un autre à la Terre (Gé [1]). Orphée reconnaissait trois Kourètes, gardiens de Zeus, fils de Rhée [2]. Avec Rhée ou Démèter, Zeus enfanta Perséphone; il poursuivit sa mère qui, pour lui échapper, prit la forme d'un serpent [3]. Les légendes d'après lesquelles Dionysos Zagreus, fils de Perséphone, aurait été protégé par les Kourètes, puis déchiré par les Titans, nous ont été transmises en premier lieu par Nonnus et saint Clément. Il est probable cependant qu'elles remontent soit à Onomacrite, soit à des poésies orphiques plus anciennes, et ne sont qu'une refonte des légendes relatives à Zeus protégé par les Kourètes et assailli par les Titans. Les étroites relations qui existaient entre Delphes et la Crète vulgarisèrent, dans cette île, la tradition de la mort de Zagreus, tradition qui, amalgamée avec la mythologie de

[1] Orph. h. 13, 25, 26. — [2] Lob. Aglaoph., 515. — [3] Id., id., 548.

l'Ida, fut présentée plus tard comme essentiellement crétoise.

Suivant Démétrius de Scepsis [1], on ne trouvait en Crète aucune trace du culte de Rhée, mais Strabon oppose à cette assertion des témoignages irrécusables. Les Cnossiens montraient encore, au temps de Diodore, l'emplacement du temple où la déesse avait habité [2]. On se servait même dans l'île des noms usuels de Cybèle et de Mère [3]. Zeus était né en ce lieu, ou sur le mont Dicté, ou sur l'Ida [4]. La Béotie, de son côté, réclamait le même honneur ; Thèbes montrait le lieu où le fils de Kronos avait vu le jour, et un temple de la Mère dindyménienne, qui ne s'ouvrait qu'une fois par an. La statue de la déesse était l'œuvre de Socrate et d'Aristomède [5]. A Delphes, on oignait quotidiennement d'huile et l'on enveloppait de laine dans les jours de fêtes une pierre qui n'était autre que le Bétyle dévoré par Kronos. C'était sur le rocher de Pétrachos, non loin de Chéronée, que le Titan s'était laissé tromper si grossièrement [6]. Une statue, placée dans le temple de Héra à Platée, le représentait au moment même où Rhée lui offre la pierre enveloppée de bandages [7].

[1] Strab. 10, p. 724. — [2] Diod. 5, 66. — [3] Euseb., Chron., p. 56. Syncell., p. 125. — [4] Kallim. h. in Jov., 34. — [5] Tzetz. ad Lyk. 1194 ; Paus. 9, 25, 3. — [6] Paus., 10, 24, 5 ; 9, 41, 3. — [7] Paus., 9, 2, 5.

D'après le témoignage un peu suspect de l'empereur Julien [1], ce furent les Athéniens qui mirent les premiers en honneur le culte de la déesse. Ils lui avaient élevé un temple en commun avec Kronos, dans le péribole de l'Olympium, et un temple spécial, dit Métroon, qui renfermait une statue de Rhée, faite par Phidias. Il y avait aussi un temple de la mère des dieux dans le bourg d'Anagyros [2].

Sur un versant du Lycée, en Arcadie, siége du culte mystique de Zeus, se voyait le lieu où Rhée s'était délivrée de son fardeau [3]; elle avait frappé de son sceptre le rocher, qui se fendit, et laissa apparaître une source. Parrhasie avait aussi vu naître le dieu [4], et Phigalie honorait sa mère [5]. Le mont d'Alésium, près de Mantinée, avait, dit-on, pris ce nom διὰ τὴν ἄλην τῆς Ῥέας [6]. Non loin de là, se trouvait la source d'Arné, où Rhée avait enfanté Poséidon, auquel on rendait en ce lieu un culte mystique [7]. A Méthydrium elle avait trompé Kronos en lui offrant le Bétyle. Une tradition populaire lui attribuait enfin pour résidence le mont Thaumasion, où elle siégeait au milieu des Géants, et où les Arcadiennes l'honoraient suivant des rites particuliers [8].

[1] Or., 5. — [2] Paus., 1, 3, 4; 1, 31, 1; Æsch., c. Ctes, p. 576, 32; Plin., 36, 4, 3. — [3] Paus., 8, 36, 2. — [4] Kallim. h. in Jov., 10, 16, 31. — [5] Paus., 8, 41, 2. — [6] Id., id., 10, 2. — [7] Id., 8, 8, 2. — [8] Id., 8, 36, 2.

En Élide, Rhée avait un métroon dans le bois sacré d'Altis, et Olympie montrait le *rocher de Kronos*. Pour rehausser l'éclat du culte de Zeus et des jeux olympiques, les Éléens rapportaient que Rhée avait confié la garde de Zeus, amené de l'Ida dans ce pays, aux Dactyles ou Kourètes, Héraclès, Pæonæos, Épimèdes, Jasios et Idas[1]. L'Élide conserva longtemps le culte de la déesse : postérieurement au christianisme, on voit une femme du pays, qui avait reçu de Rhée sa science prophétique, prédire l'avenir aux bergers et aux laboureurs.

Les Messéniens réclamaient pour leur pays l'honneur d'avoir vu croître Zeus ; c'était sur le mont Ithome que les Kourètes l'avaient amené pour le confier aux nymphes Ithome et Néda[2].

On trouve peu de traces du culte de Rhée en Laconie. Pausanias nous apprend cependant qu'outre le temple consacré à Gê et à Zeus Agoræos, sur la place du marché, les Lacédémoniens avaient élevé en l'honneur de la fille de Kronos un édifice désigné par le nom de Gasepton, et qu'Acries montrait une vieille statue de marbre qui la représentait[3].

Enfin, à Dymé en Achaïe, on voyait un temple

[1] Paus., 5, 7, 4. — [2] Id., 4, 33, 2. — [3] Id., 3, 22, 4.

consacré à la Mère dindyménienne et à Atys [1]. Quant à son culte en Thrace et à Samothrace, où elle avait pour suivants les Kabires, nous en avons dit plus haut quelques mots.

Le culte de la Mère idéenne et des Dactyles idéens était très-ancien sur l'Ida troyen, ainsi qu'à Andéira, dans la même contrée [2]. En Mysie, on voyait le rocher de Rhée [3]. A quarante stades de Lampsaque, se trouvait une colline sur laquelle était un temple de la mère des dieux [4]. Non loin de Cyzique, elle avait fait jaillir une source du sol [5] : le temple qu'elle avait dans la ville fut sans doute fondé par les Argonautes [6]. On y voyait une statue de la déesse (Mère dindyménienne), apportée de Proconnèse, lorsque les Cyzicéniens soumirent cette île ; la face était d'ivoire et le torse d'or [7]. On honorait aussi la Grande-Mère à Placie et à Asporène : de là ses surnoms de Placiané et d'Asporéné [8]. Pergame rendait un culte aux Kabires [9].

Les localités du mont Sipyle étaient célèbres dans toute l'Asie-Mineure [10]. On montrait sur le rocher de Coddinus la plus ancienne image de la mère des dieux [11] ; Magnésie possédait un temple

[1] Paus., 7, 17, 5. — [2] Strab., 10, p. 466, 473. — [3] Id., 13, p. 589. — [4] Id., id. — [5] Ap. Rh., 1, 1146. — [6] Strab., 1, 45; 12, 575 ; Cedren, p. 98. — [7] Paus., 8, 46, 2. — [8] Id., 1, 4, 5; Strab., 13, p. 619. — [9] Paus , 1, 4, 5. — [10] Id., 5, 13, 4. — [11] Id , 3, 22, 4.

en son honneur [1] et jurait, ainsi que Smyrne, par la fameuse déesse sipylénienne (*Sipylênê*) [2]. Les habitants de Métropolis en Ionie l'honoraient aussi, ainsi que l'attestent des médailles de cette ville [3].

En Lydie, on l'adorait à Sardes et à Mastaura [4]. Le nom du premier roi de la contrée, Atys, était emprunté aux mythes de la religion phrygienne. Hérodote [5] parle de Cybèle comme d'une divinité locale adorée à Sardes, et dont le temple fut brûlé dans l'incendie de cette ville, auprès de laquelle on voyait la montagne de la Mère dindyménienne.

Les Phrygiens n'honoraient pas moins cette déesse que les autres peuples de l'Asie-Mineure. Ils étaient du reste originaires de la Thrace. « Les Bérécynthiens, dit Strabon, peuplade phrygienne, et en général tous les Phrygiens et les Troyens qui habitent l'Ida, honorent la déesse Rhée et célèbrent des orgies en son honneur [6]. » La musique bruyante qui accompagnait ces fêtes était de l'invention de la déesse elle-même, à laquelle on attribuait aussi quelquefois l'invention de tous les instruments à vent [7]. Les Dactyles, originaires de

[1] Strab., 14, p. 958. — [2] Marm. Oxon. II, 26. — [3] Eckh., D. N. II, 543. — [4] Id., id., id., 108. — [5] Herodot., 5, 102. — [6] Strab., 10, p. 469. — [7] Diod., 3, 58; Strab., 10, p. 471.

l'Ida phrygien et habiles métallurgistes, étaient les serviteurs de la déesse Adrastée, qui habitait les montagnes. « Sabazios, dit Strabon [1], était phrygien et fils de la Grande-Mère. » Les lieux du territoire phrygien où les Korybantes avaient été le plus en honneur, étaient ravagés du temps de Strabon; ainsi, Corybantion près du Sminthios, Corybissa près de Scepsia [2], etc. Rhée tirait de certaines montagnes de Phrygie le surnom de Lobriné [3]. Les riverains du Peucella, descendants des Azanes arcadiens [4], honoraient la déesse dans une grotte qui renfermait sa statue [5]. On trouve Cybèle figurée sur les nombreuses médailles des villes suivantes, qui appartiennent toutes à la Phrygie : Acmonia, Aizani, Ancyre, Apamée, Attuda, Cadoène, Cérétape, Cibyre, Coties, Diococlies, Dionysopolis, Eucarpia, Hiéropolis, Hyrgalée, Julia, Laodicée, Lysias, etc.

Le culte de la Mère idéenne à Pessinonte en Galatie remontait à la plus haute antiquité. Midas Ier fit bâtir un temple pour renfermer sa statue, qui consistait en une pierre noire tombée du ciel [6]. Cette image fut transportée plus tard à Rome, mais Pessinonte n'en fut pas moins toujours regardée

[1] L. 10, p. 470. — [2] Id., p. 473. — [3] Nicandr. Alexiph., 7, c. Schol. — [4] Paus., 8, 4, 2. — [5] Id., 10, 22, 3. — [6] Herodian., 1, 35.

comme le siége principal du culte de la mère des dieux, désignée à Pessinonte par le nom d'Agdistis. Le temple élevé par Midas [1] se trouvait hors des murs près du mont Dindymus, d'où la déesse tira son surnom de Dindyménienne [2]. On montrait en ce lieu les tombeaux d'Agdistis et d'Atys [3]. La prétendue Bellone, adorée à Comana, n'était qu'une déesse cybélienne [4]. Son temple était desservi par plus de six mille prêtres et hiérodules, gouvernés par un chef spirituel qu'on choisissait toujours parmi les princes de la maison royale. D'après la remarque d'Arrien [5], la déesse du Phase offrait de grandes analogies avec Rhée. Aussi lit-on dans Strabon [6] que les Korybantes, venus de la Bactriane ou de la Colchide, furent adjoints à Rhée par les Titans.

On pense que la déesse syrienne d'Hiérapolis sur l'Euphrate n'était autre que l'épouse de Kronos. Elle était représentée avec une couronne murale et tenant un tambour ; son char était traîné par des lions. Il y avait de plus des Galles qui desservaient son temple [7].

En Égypte, on identifiait avec Rhée la mère d'Osiris [8].

A Rome, elle fut identifiée, à ce qu'il paraît,

[1] Diod., 3, 5. — [2] Sbrab., lib. 12, p. 567. — [3] Paus., 1, 4, 5. — [4] Murat. Insc., 145, 1. — [5] Peripl. Pont. Eux., p. 9.— [6] Lib. 10, p. 472. — [7] Lucian., de Dea Syr. — [8] Plut. de Is. et Os, 54.

avec diverses déesses, telles qu'Ops, Maja, Bona Dea, Terra, Fauna [1], etc. Mais son culte ne commença à avoir un certain éclat que du temps d'Annibal, quoique les Romains eussent dû la connaître auparavant. Le passage de Tite-Live, « que du temps d'Annibal le culte de la Mère idéenne fut transporté de Pessinonte à Rome [2], » ne doit s'entendre que des formes d'un culte étranger, qui se mêla à celui qu'on rendait à la Rhée hellénique. Pour honorer la nouvelle déesse, on lui éleva sur le mont Palatin un temple, interdit aux hommes, où les femmes célébraient les Mégalésies [3]. Lucrèce donne de l'image de la déesse une description qui la montre en tout point analogue à Rhée [4]; les œuvres d'art romaines, qui représentent la mère des dieux, s'accordent aussi avec celles des Hellènes [5]. Enfin Catulle a chanté le mythe d'Atys dans une composition visiblement imitée d'un poëme grec.

Le culte de Cybèle prit une extension démesurée sous les successeurs de César; on voit ses saints eunuques avoir accès dans les maisons des seigneurs romains [6], pendant que l'Italie et la Gaule se couvrent de temples en son honneur, et

[1] Macrob. Sat., 1, 12. — [2] Liv. 29, 11, 14. — [3] Cic. de Har. Resp., 13, 17. — [4] Lucret., 2, 601. — [5] Eckh. D. N. V. 169, 344. — [6] Juven., 6, 494.

que les Métragyrtes inondent les provinces de l'empire. Du reste, les divers ordres de mystères allèrent toujours en se rapprochant jusqu'à une entière confusion des éléments empruntés, d'un côté à la Grèce, et de l'autre à l'Asie.

Il nous serait facile d'étendre l'examen auquel nous venons de nous livrer au sujet des dieux de l'Olympe; nous prouverions ainsi que les principales conceptions grecques ont été dénaturées et modifiées sous l'influence des développements originaux amenés par les siècles, ou sous celle de doctrines étrangères; mais il nous suffira de montrer que les légendes héroïques ont été entamées de même pour prouver la nécessité d'un travail de refonte, systématique et complet.

Considérons d'abord le mythe d'Héraclès, auquel on a voulu enlever toute originalité.

L'Héraclès grec ne peut nullement, malgré l'assertion formelle d'Hérodote, être une simple copie, une refonte du type égyptien. D'abord celui-ci s'appelait Djom ou Som dans la langue indigène; ensuite il est un des douze grands dieux de la vieille terre de Khémi, et ne se rapproche en rien du type héroïque; enfin, le mythe relatif au fils d'Alcmène a une couleur purement grecque dans l'ensemble et dans les détails de la conception primitive. Pour accorder Hérodote avec le bon sens, il suffit de remarquer que les Égyptiens pouvaient très-bien avoir appris à connaître l'Héraclès grec, par le moyen des peuples de cette contrée qui émigrèrent en Égypte sous Psammétique.

Quant au Melkarth phénicien, qu'on identifia aussi de bonne heure avec le héros béotien, on peut le reléguer comme Djom au nombre des divinités locales, qu'un aveugle esprit de système a pu seul faire comparer à des créations toutes différentes; l'étymologie qui fait venir Héraclès du mot *racol* (colon errant, colporteur) est très-ingénieuse sans doute, mais n'a aucun fondement.

Héraclès n'a nullement le caractère de colon; il démolit plus qu'il ne fonde, et se montre dans le mythe héroïque essentiellement pédestre. Loin de rassembler une grande flotte pour attaquer Ilion, comme l'ont dit les mythologues des âges modernes, il part sur six vaisseaux garnis d'un petit nombre de soldats et de marins (ἀνδράσι παυροτέρασιν)[1].

Il n'y a rien là-dedans qui ait trait à une colonisation maritime, et les auteurs des derniers âges ont fait preuve d'un sens exquis en s'efforçant instinctivement d'établir l'origine grecque de leur héros; car quel autre sens auraient leurs assertions : qu'Héraclès s'appelait dans l'origine Alcide,

[1] Hom., Il. 5, 641.

nom grec s'il en fut jamais; qu'il reçut le nom d'Héraclès à cause des persécutions de Héra, ou par ordre de l'oracle, devant acquérir une gloire (κλέος) éternelle, en portant secours (ἦρα) aux hommes[1]?

Il y a au fond de tout cela une intention bien marquée de défendre la nationalité, l'originalité d'une conception qui est peut-être ce que la poésie des Grecs a produit de plus grand et de plus beau. Si nous remarquons d'ailleurs que dans l'enfance de chaque peuple, il se présente quelque figure de héros bienfaisant appartenant à la première période de la civilisation, et acceptant avec joie les plus grands labeurs pour délivrer son pays des fléaux qui l'infestent, combattant les monstres, protégeant les faibles, assainissant le sol par l'écoulement des eaux, à la fois civilisateur et guerrier, on ne s'étonnera nullement des coïncidences parfois merveilleuses que présentent les divers Hercules, italiote, phénicien, égyptien, indien même, et surtout des modifications et augmentations imposées aux légendes qui se réunissent en un énorme faisceau sur la tête du héros grec.

Voyons un peu comment la tradition primitive peut être dégagée de sa gangue, et il ne restera plus de place au doute.

[1] Apollod., 2, 14, 12; Diod., 1, 24; Tzetz. Lyk., 663.

Dans Homère, nulle trace d'une origine étrangère ou de plusieurs Héraclès; de plus, tous les traits du mythe sont essentiellement grecs, et le héros est libre encore de la tunique de peau et de la massue, ornements égyptiens dont on l'a affublé postérieurement. L'hymne héroïque qu'Ilgen pense n'être que le début d'une ancienne Héraclée ou épopée herculéenne, présente les traditions dans le même ordre, avec la même simplicité de faits que l'Iliade et l'Odyssée.

Ici commence l'altération. Lorsque les poètes des âges suivants eurent brodé de diverses manières et considérablement agrandi le cycle mythique du héros; lorsqu'on eut commencé à comparer et à identifier les dieux grecs avec ceux des autres nations, la masse des traditions relatives à Héraclès ayant semblé trop lourde pour un seul individu, on imagina de reconnaître plusieurs héros du même nom; c'est-à-dire, qu'après avoir ramassé en un bloc autour du type national tout ce que l'esprit de curiosité, naturel aux Grecs, pouvait leur apprendre sur une multitude de personnages divers, on imagina de rescinder cette masse, mais en coupant à droite et à gauche, donnant à l'un ce qui appartenait à l'autre. La confusion fut encore augmentée par une tendance vicieuse à réduire aux proportions humaines les énormes figures des temps héroïques.

Le sens profond et poétique des anciennes conceptions fut alors tout à fait perdu, comme on peut le voir par les Alexandrins, qui, méconnaissant dans Héraclès ce type élevé et magnanime de l'homme qui souffre et meurt pour ses frères, arrangèrent ses travaux et en réduisirent le nombre à douze, pour transformer le fils d'Alcmène en un dieu-soleil.

Mais nous n'écrivons pas ici de traité méthodique du symbole. Nous nous contenterons de faire une remarque sur un passage d'Hérodote auquel on accorde beaucoup trop d'importance. Cet historien parle de deux Héraclès, l'un Égyptien et Phénicien, type du second, l'Héraclès grec. Au sujet de quoi Plutarque[1] répond avec raison que ni Homère, ni Hésiode, ni Archiloque, ni Pisandre, ni Stésichore, ni Alcman, ni Pindare, ne connaissaient plusieurs Héraclès. Tous ces auteurs, dit l'historien de Chéronée, n'ont jamais parlé que d'un Héraclès argien ou béotien. Il aurait cependant pu ajouter que dans Hésiode on trouve déjà quelques traces des traditions phéniciennes qui analogues à celles du héros grec, s'y reliaient aisément.

[1] De Malign. Herodot.

Avec la suite des âges, tous les mythes, toutes les légendes s'altèrent. Pénélope, cet admirable type de l'épouse chaste et prudente, l'un des plus beaux qu'ait créés le génie d'Homère, se change en une épouse adultère, qui a eu commerce avec tous les prétendants, et qu'Odysseus chasse de chez lui [1]. Le héros d'Ithaque, de son côté, devient non plus, comme dans Homère, le modèle du courage au combat et de l'habileté dans le conseil, mais un lâche et rusé diplomate, tandis que, d'autre part, l'insignifiant Palamède, exalté outre mesure par les sophistes, figure comme l'inventeur du calendrier, de la monnaie, des poids et mesures, des jeux d'échecs et de dés, de la navigation, de l'art stratégique [2], etc., etc.

§ II. — Plan d'une histoire des Variations du polythéisme.

Après un examen attentif des observations contenues dans les pages précédentes, le lecteur sera arrivé, nous l'espérons du moins, à concevoir comme nous-même la nécessité d'exécuter un travail à la fois critique et organique sur l'ensemble des traditions gréco-latines, en un mot

[1] Schol. Lyk., 766. — [2] Schol. Eur. Or., 422.

d'écrire une histoire des variations du polythéisme.

C'est de cette histoire que nous allons tracer le plan, tel que nous l'avons en partie exécuté.

Les diverses phases du polythéisme peuvent se résumer sous les trois aspects suivants : naturalisme, spiritualisme et scepticisme. La première phase, qui est la plus ancienne, et qui, aux yeux des critiques indianistes, porte avec elle des traces d'une origine orientale, embrasse toutes les conceptions grecques jusqu'à l'époque où, l'esprit s'étant dégagé de la matière, les dieux perdent leur caractère de dieux-nature pour se présenter sous un aspect plus élevé. Cette phase n'est point constatée, dans son ensemble, par un système écrit; antérieure à l'époque homérique, on en retrouve çà et là des vestiges dans les textes qui appartiennent à un âge bien plus récent, et il faut dégager ces premiers documents des légendes dans lesquelles ils sont enclavés.

On peut remarquer, à propos de cette phase du polythéisme, qu'elle est la seule dans laquelle il faille chercher quelques traces du prétendu système religieux apporté de l'Inde en Grèce. Suivant que le mouvement des études s'est porté de tel ou tel côté, on a voulu ravir aux Grecs l'originalité de leur religion, et en attribuer l'honneur d'abord aux Phéniciens, puis aux Égyptiens, et enfin aujourd'hui c'est de l'Inde qu'on fait sortir le polythéisme hellénique. Avant les nouvelles études faites sur les divers âges du polythéisme sanscrit, quelques penseurs isolés protestaient seuls contre une doctrine qui attaquait l'originalité de l'esprit humain, et qui d'ailleurs ne reposait sur aucune base certaine. Comme ils l'avaient fait pour le Moloch, le Melkarth, le Baal des nations sémitiques, comme ils l'avaient fait pour le dualisme égyptien, mêlé à un inconcevable système d'émanations, ils demandaient, en dressant la Trinité indoue devant l'Olympe grec, où se trouvait cette prétendue parité qui impliquait, non pas une origine commune, mais une plate imitation de la part des races de l'Hellade. Des recherches nouvelles sont venues corroborer l'opinion de la spontanéité des croyances, ou du moins de la spontanéité du système exposé dans Homère.

En effet, les travaux de critique exécutés sur les hymnes du Rig-Véda ont fait entrevoir une première période qui offre de certaines analogies avec les croyances grecques, et qui font partie d'une religion naturaliste, antérieure à la religion brahmaïque. Les dieux Brahma et Vichnou, les dix incarnations de ce dernier, les vingt et un enfers avec des supplices effrayants, les quatre paradis si bizarrement juxta-posés, n'existent pas encore à cette période. Indra, Soma, les Açvins « qui ont des ânes pour monture » sont les dieux qu'invoque l'Indou errant sur les versants de l'Himalaïa, et soumis aux tortures d'une nature barbare que la main de l'homme n'a pas encore domptée.

Il n'entre pas dans notre sujet d'examiner quelles analogies peuvent exister entre la période naturaliste des Indous et celle des Grecs; avant de constituer la mythologie comparée, il est nécessaire d'écrire les mythologies spéciales. Les cultes de l'Orient ont d'ailleurs besoin d'être travaillés longtemps avant qu'on en puisse tirer des inductions certaines.

Nous voulons seulement présenter quelques aperçus sur la période pélasgique, afin que cette hypothèse d'un développement successif des croyances grecques, divisé en trois époques distinctes, prenne du poids en s'appuyant à la fois sur le raisonnement et sur les faits.

« En examinant avec attention, dit Ottfried Müller [1], l'ensemble des traditions grecques, on se voit forcé de reconnaître que si les compositions homériques appartiennent au premier âge de la poésie hellénique, on ne peut nullement les regar-

[1] *Histoire de la Littérature grecque,* chap. II.

der comme des monuments de la religion première des Pélasges. Il est évident, au contraire, que les conceptions religieuses ont dû subir diverses transformations, dues en partie à la poésie elle-même, avant de se constituer comme elles nous apparaissent dans l'Iliade et dans l'Odyssée. La description que fait Homère du Zeus olympique, diffère autant sans doute de la notion du Zeus dodonéen adoré par le Pélasge nomade, que la hutte grossière de ce dernier différait des somptueux palais de Priam ou d'Agamemnon.

« Du reste, les croyances religieuses, telles qu'elles se manifestent dans les poèmes d'Homère, sont parfaitement d'accord avec une époque où la partie la plus intelligente et la plus distinguée de la nation passait sa vie, soit sur le champ de bataille, soit au conseil ; et de même qu'Agamemnon convoque à son gré les chefs grecs en assemblée, de même Zeus, siégeant sur l'Olympe, appelle en son palais les autres dieux pour leur communiquer ses résolutions. Lui, le dieu suprême, connaît les décrets du sort, et les peut diriger ; roi des dieux, il donne aux rois de la terre et leur pouvoir et leur dignité. A son côté s'assied Héra, qui possède une certaine part de sa puissance. Près de lui est une fille au caractère viril, amie des combats, protectrice des citadelles, qui mérite par de sages conseils la confiance que le fils de Kronos lui accorde. Au-dessous d'eux se déroulent différentes divinités, qui ont chacune leur place spéciale et leur office propre dans le palais divin. Mais pourtant, ce qui préoccupe surtout cette assemblée céleste, c'est la fortune des nations et des villes, et les aventures des Grecs, qui, descendus des dieux, sont comme un chaînon intermédiaire entre les habitants de l'Olympe et la masse de l'humanité.

« Mais comment cette religion héroïque auraitelle pu être celle du paysan qui avait besoin de croire que, l'hiver comme l'été, au temps de la moisson comme à l'époque des semailles, la providence divine veillait sur ses travaux? Est-ce aux dieux guerriers de l'époque homérique qu'il eût pu adresser ses prières pour qu'ils lui dispensassent la pluie et le soleil, et qu'il préservassent ses grains et ses troupeaux? Évidemment, non. De même que l'âge héroïque de la Grèce fut précédé d'une autre époque, que nous pouvons appeler période *pélasgique*, durant laquelle la culture du sol et la nature des diverses localités avaient préférablement fixé l'attention des indigènes, de même il y eut, dans la religion grecque, une période pendant laquelle les dieux furent considérés comme exerçant principalement leur pouvoir sur la nature, et le manifestant par les phénomènes variés de la végétation, de la floraison, par le mouvement des eaux, par les circonstances astronomiques, etc. »

Il ne manque point de légendes qui confirment cette assertion, et représentent les dieux, moins comme des puissances tutélaires qui récompensent l'homme de son courage et de sa vertu, que comme des êtres nuisibles qui font le mal parce que telle est leur nature.

Ce caractère hostile de la divinité, qui apparaît à l'origine de toutes les religions humaines, comme Vico l'a remarqué le premier [1], est profondément empreint dans les légendes qui ont trait au culte de la nature. Assaillie de tous côtés par des forces terribles qui entravèrent son premier essor, la race pélasgique en garda le souvenir quand ses migrations l'eurent emportée hors des limites du pays natal; telle est, du moins, l'induction qu'on peut tirer de diverses données, et particulièrement de la description des plus violents phénomènes géologiques : description inapplicable sans doute à la Grèce dans l'âge humain, et dont il faut chercher le type dans quelqu'une des contrées de l'Asie. Pour les Pélasges, les dieux ne sont proprement ni bons ni mauvais, ils sont des phénomènes, et voilà tout. Des offrandes sont nécessaires pour apaiser

[1] *Scienza nuova*, in pr.

ces êtres redoutables qui exercent leur action non-seulement sur eux-mêmes, mais sur la race humaine : de là le culte. Puis, comme l'homme, toujours profondément vicieux, voit dans les catastrophes qui le frappent la punition d'une faute occulte à Dieu seul connue, de là une théodicée qui, reliant peu à peu les phénomènes de la nature à une théorie de l'âme humaine, fit interpréter chaque événement dans un sens purement moral, et deviner un châtiment envoyé par les dieux dans telle convulsion de la nature qui, deux ou trois siècles auparavant, eût passé pour le résultat d'un conflit entre les Titans et leurs adversaires. Pendant que les races syriennes mutilaient ce large point de vue du panthéisme originel pour réduire toute religion au sentiment de ces deux phénomènes, le bien et le mal, la mort et la vie, la nature active et la nature passive, célébrées, l'une avec une joie délirante, l'autre avec une douleur également excessive et également creuse, les Grecs gardaient la direction de leurs idées premières. On trouve bien, il est vrai, dans certaines légendes, qui frappent, à la première vue, par leur caractère de simplicité antique, des traces de ce dualisme sous forme de lamentations à propos de la mort ou de la disparition de tel personnage local, symbole du printemps détruit par les dévorantes chaleurs du soleil d'été : ainsi les chants appelés *Aelini*, *Ialémi* et *Bormi*, ainsi les légendes d'Hylas et de Lityersès. Mais ces traditions, qui pour la plupart sont phrygiennes, s'effacèrent bientôt dans le développement de la théologie hellénique, pour ne garder une place que dans le culte mystique et orgiaque.

Si l'on cherche la raison pour laquelle ce dualisme, qui semble devoir convenir à toutes les races douées d'une large intelligence philosophique, fut rejeté par l'Hellade, on verra que, dans ce dualisme, les facultés esthétiques des Grecs n'eussent point trouvé leur développement. Effectivement, c'est un point remarquable que, dans le monde oriental, qui comprend l'Inde, l'Arie, la Judée et l'Égypte, la seconde et la troisième de ces contrées, dont les religions étaient un dualisme systématique, n'eurent pas d'art proprement dit, et se distinguaient par une sauvage iconoclastie, comme on le voit, pour l'Arie, dans l'expédition de Cambyse en Égypte. Quant à ce dernier pays, les historiens grecs prétendent bien qu'il avait pour religion un dualisme symbolisé par les luttes de Typhon et d'Osiris; mais les monuments enlèvent à cette assertion son caractère de généralité, et montrent que l'Égypte a commencé par un polythéisme confus, qui est devenu chez elle, comme aux Indes et en Grèce, un polythéisme trinitaire [1]. On conçoit facilement pourquoi la régularité monotone d'une religion dualiste est peu favorable à l'art, tandis que les idées multiples et complexes du polythéisme fournissent au peintre et au sculpteur des thèmes inépuisables sur lesquels son imagination peut s'exercer. Cette assertion se vérifie par la destinée différente de l'art chrétien chez les deux familles saxonne et latine. Elles ont le même point de départ, le dogmatisme de saint Paul; et pendant que les nations protestantes du monde moderne le reproduisent identiquement après dix-huit siècles, les familles catholiques ont fait disparaître la sévérité du principe originaire, en développant la partie légendaire destinée à fournir une base suffisante à l'art futur et à constituer un véritable polythéisme, avec ses visions merveilleuses, ses prédictions par les sorts, ses contrées fantastiques d'où arrivaient les méchants génies qui apportaient la grêle [2], son Panthéon splendide où trente mille saints représentaient toutes les forces et tous les sentiments de l'homme; merveilleux développement d'une jeune imagination, qui devait faire apparaître aux treizième et quatorzième siècles les impossibles fan-

[1] Cf. Champoll., Egypt., p. 285. — [2] Agobardi lib. *de Grandine.*

taisies de l'art gothique, et deux cents ans plus tard les Vierges de Raphaël, tandis que les protestants, par un mouvement inverse, travaillaient, comme les premiers chrétiens, en abattant les édifices et en détruisant les signes religieux, à rendre le sol à sa nudité primitive.

Si nous avons insisté sur ce point en hasardant une digression de quelques lignes, c'est qu'il est intéressant de remarquer comment, dans le plan providentiel, toutes les forces sont prévues qui doivent mener l'homme à un résultat, et comment tel germe, à peine entrevu, laisse apercevoir tout un développement possible que les faits ne manquent point de reproduire. Mais il est temps de revenir à notre sujet.

La religion pélasgique, avons-nous dit, consistait principalement dans l'adoration des forces de la nature. Sans vouloir nous jeter dans le monde des hypothèses et rechercher, avec Ottfried Müller, si tous les dieux olympiques ont eu primitivement un caractère physique, comme de nombreuses traces restées dans le culte semblent l'indiquer, nous nous contenterons de remarquer que dans la nomenclature des divinités primitives doivent figurer le Ciel, la Terre, l'Océan, les dieux-fleuves, les dieux-montagnes, créations qui se touchent en ce point dans Homère, que le poète n'indique pas leur origine. Il est vraisemblable, en effet, que dans le principe la systématisation des forces naturelles en familles ne s'était pas produite. C'est plus tard seulement, quand les mythes développés par l'imagination des poètes et des métaphysiciens tendirent à se rapprocher, à se fondre, qu'on assigna le Ciel et la Terre pour principe commun à toutes choses, et que des légendes romanesques vinrent broder les lignes sévères des premières traditions.

Les exemples les plus remarquables que l'on rencontre de ces transformations se trouvent dans les mythes des dieux-fleuves et des dieux-montagnes. Ainsi, dans Homère, comme dans l'ancienne croyance sans doute, Atlas est dieu en même temps que montagne [1], comme le Xanthe est dieu en même temps que fleuve [2]; le phénomène et sa personnification ne sont nullement distincts. Ainsi, dans Hésiode, les fleuves sont fils d'Océan et de Téthys [3]. Plus tard, au contraire, à mesure que se dessinait l'antinomie qui isole le monde physique du monde humain, les phénomènes naturels se séparèrent nettement de leurs anciens mythes. De cette évolution proviennent les légendes qui font du Xanthe un fils de Korybas [4], d'Achéron un fils

[1] Odyss., 1, 52. — [2] Il., 21, 228. — [3] Hés. Théog. — [4] Parisot, Dict. myth., 3, 430.

de la Terre, métamorphosé en fleuve pour avoir désaltéré les Titans [1]; d'Acis un berger, qui subit la même transformation, après que son rival Polyphême l'eut écrasé sous un rocher [2]. A la même source appartiennent les traditions suivant lesquelles l'Argonaute Amyros donna son nom à une rivière de Thessalie [3]; Kaystrios, fils d'Achille, au fleuve Caïstre [4]; Dircé, à une source, voisine de Thèbes [5].

Dans le mythe du fleuve Alphée, on peut suivre pas à pas cette transformation curieuse du symbole divin en historiette destinée à divertir les imaginations blasées des siècles postérieurs. D'abord, il est fils de l'Océan et de Téthys [6]. Il n'a pas d'histoire; la vie nomade des Pélasges était trop rude pour leur laisser le temps de fabriquer un roman à chaque dieu. Plus tard, il devient amoureux d'Artémis, et la poursuit jusque dans l'île d'Ortygie [7], assertion qui exprime cette absurde croyance antique que le fleuve Alphée traversait les eaux de la mer, sans s'y mêler, jusqu'aux rivages de l'île, et que des objets jetés dans ses eaux reparaissaient dans la source d'Aréthuse [8]. Un peu après, on donne Alphée comme un chasseur mé-

[1] Nat. Com., 3, 1. — [2] Ov. Met., 13, 750. — [3] Steph. Byz., *s. v.* Val. Flacc., 2, 11. — [4] Strab., p. 560. — [5] Paus., 9, 25, 3; Serv. Virg. A., 11; 661. — [6] Hésiod. Théog., 338. — [7] Schol. Pind. Pyth., 2, 12. — [8] Tim. in Strab., p. 270.

tamorphosé en fleuve [1], et enfin c'est un descendant du soleil qui, ayant tué son frère, se jeta dans le fleuve Nyctimos, qui prit de là le nom d'Alphée [2]. La mythologie des derniers âges se montre particulièrement désireuse de ces sortes de légendes : ainsi Anios se jette dans le Parensios (Anio) [3], Kaïkos dans l'Astrée (Caïque) [4], Éridanos dans l'Éridan [5], Ismène dans l'Isménios [6], Eurotas dans l'Himéros (Eurotas) [7], Événos dans le Lycormas (Événos) [8], Hébros dans le Rhombe (Hèbre) [9], Inachos dans l'Haliacmon (Inachos) [10], Méandre dans l'Anabaenon (Méandre) [11], Phasis dans l'Arcturos (Phase) [12], Tanaïs dans l'Amazonios (Tanaïs) [13], une Harpye dans le Tigrès (Harpys) [14], Saron dans le golfe Saronique [15], Soloon dans le Soloon [16], Tibérinus dans l'Albula (Tibre) [17], tous éponymes de ces personnages.

On trouve de même, dans les mythes des dieux montagnes, qu'Ismaros, fils de Mars, donna son nom à une montagne de Thrace [18], ainsi que Bérécynthos au mont Bérécynthe [19], Kragos, au

[1] Paus., 5, 7, 2. — [2] Pseud. Plut. de Fluv., 19. — [3] Plut. Parall. gr. et r. h., 40. — [4] Pseud. Plut. de Fluv., 21. — [5] Serv. Virg., Æn., 6, 659.— [6] Hesych., *s. v.*— [7] Bouillet, Dict. d'ant., *s. v.* — [8] Ov. Mét., 9, 404. — [9] Parisot, Dict. myth., 2, 357. — [10] Ps. Plut. de Fluv., 18. — [11] Id., ib. — [12] Bouillet, Dict. d'ant., *s. v.* — [13] Parisot, 3, 490.— [14] Apollod. Clav., 1, 93.— [15] Paus., 2, 30, 7. — [16] Plut. in Thes. — [17] Bouillet, Dict. d'ant., *s. v.*— [18] Parisot, 2, 479. — [19] Pseud. Plut. de Fluv., 10.

mont Cragus en Lycie [1] ; la nymphe Arganthone à une montagne de Mysie [2] ; Aventinus au mont Aventin [3], Taygète à une montagne de Laconie [4].

Nous pourrions nous étendre davantage et prouver, par les généalogies diverses données à ces personnages mythiques, quel travail singulier s'était opéré successivement dans la mythologie primitive de l'Hellade. Mais nous croyons inutile de démontrer le caractère puéril de récits pareils à ceux de Diodore, suivant lequel Hélios, fils d'Hypérion, noyé par les Titans, ses oncles, fut transporté au ciel et s'y confondit avec l'astre du jour [5]. Le lecteur ne manquera pas de tirer, de lui-même, les conclusions nécessaires, et de remonter degré par degré de la légende romanesque au mythe animé, puis de celui-ci au mythe qui constate simplement le phénomène, en lui donnant à peine une forme. Car c'est encore un des caractères de l'évolution successive du polythéisme d'avoir évoqué les types de la nuit, *mère antique des Dieux* [6], où ils n'avaient ni formes ni noms, et de les avoir appelés à la vie en précisant leur être et leurs attributions. Ainsi, le Soleil,

[1] Parisot, 2, 48. — [2] Steph. Byz., *s. v.* — [3] Serv. Virg. A, 7, 657. — [4] Schol. Eur. Or., 615. — [5] Diod. Sic., 5. — [6] Aristoph. Nephel.

dans les poèmes homériques, n'a point encore de forme humaine arrêtée. Dans l'hymne homérique, son être se dessine nettement. Porté sur un char, comme on le voit dans cette composition [1], il disparaît à l'occident. Mais quel chemin prend-il pour revenir chaque matin au levant? C'est ce que ni les Pélasges ni les Argiens n'avaient songé à se demander. Une époque plus difficile à satisfaire imagina que, pendant la nuit, il faisait, sur une barque, le demi-tour de la terre pour se retrouver ensuite à son point de départ [2].

Tous ces détails minutieux n'appartiennent point à une époque primordiale. Nous dirons donc que les Pélasges adoraient le Ciel (Ouranos), Gé (la Terre), l'Océan (Okéanos), la haute mer (Pontos), la mer Méditerranée (Amphitrite), la mer Ionienne (Poséidon), la mer Egée (Nérée), les dieux fleuves (Potamoi), les sources (Nymphæ), les dieux montagnes (Orê), les Vents (Anémoi), le Soleil (Hélios), la Lune (Méné), les Astres (Astra), l'Arc-en-ciel (Iris), l'Aurore (Éos), le Jour (Héméra), la Nuit (Nyx). Peu importe, du reste, que cette nomenclature soit trop étendue ou trop restreinte, qu'il y faille comprendre d'autres divinités marines, telles que Téthys et Protée, ou les dieux

[1] Hom. H. in Sol., 11. — [2] Athen., 11, p. 469; Eustath., page 1632, 24; Apollod., 2, 5, 10.

Priape, Éros, Hékate, Pan, Triton, inconnus à Homère, ou le blé (Démèter) et le vin (Dionysos). Dans une matière aussi hypothétique, la question de nomenclature importe peu. L'essentiel est de bien noter le caractère général d'une période « où tout était dieu excepté Dieu [1]. »

Si nous avons réussi à indiquer les éléments de cette époque religieuse, il nous reste à montrer comment ils étaient mis en action, d'abord les uns envers les autres, et ensuite dans leurs rapports avec les hommes. Ici se retrouve ce caractère terrible que Vico a signalé à l'origine de toutes les croyances. Nous ne sommes plus dans l'Olympe homérique où Zeus maintient un certain ordre entre les dieux turbulents; toutes les forces de la nature, déchaînées, s'écrasent impitoyablement, et retracent l'histoire de ces convulsions géologiques dont le sol a gardé l'empreinte. Car quel autre sens auraient ces légendes grandioses, que les géants empilèrent montagnes sur montagnes, que les Aloades « se proposaient de combler la mer avec des montagnes et de lui faire ainsi changer de place avec la terre [2], » sinon qu'une infaillible voix révélait aux Pélasges, encore voisins de la création, tous les phénomènes qui avaient bouleversé le monde avant qu'il fût habitable

[1] Bossuet. — [2] Apollod., 1, 7, 4.

pour l'homme? Dans Aristophane, un vieux proverbe : « *Tu es plus ancien que le pain et la lune,* » indique que les Grecs avaient quelque idée d'une époque où le satellite de la terre n'avait pas encore paru, et c'était une tradition vulgaire que les Arcadiens avaient habité la Grèce avant l'apparition de l'astre. Cette donnée, jointe à d'autres, qui nous montrent soit des soulèvements [1], soit des ruptures de chaînes de montagnes [2], soit des atterrissements [3], soit des émersions d'îles [4], soit des irruptions des eaux [5] ou du feu central [6], nous fait comprendre que les Grecs primitifs avaient un certain nombre de notions géologiques et nous explique ainsi pourquoi leurs plus anciens mythes ont un caractère si convulsif. Fortement frappés de ces phénomènes, à la connaissance desquels ils n'auraient pu arriver d'eux-mêmes, ils retracèrent dans leur mythologie l'histoire du monde torturé par l'eau, par le feu, par les tremblements de terre, les forces naturelles réagissant constamment les unes sur les autres pour déchirer les continents et faire bouillonner les mers : de là cette mythologie titanique, où les circonstances volcaniques ont une si grande part : les laves vo-

[1] Apollod., 1, 7, 4. — [2] Id., 1, 7, 2 ; Pind. Pyth., 4, 246. — [3] Apoll., 3, 7, 5. — [4] Apoll. Arg., 4, 1755 ; Hyg., f. 53, 140 ; Plut. Symp., 9, 6 ; Paus., 10, 5, 3. — [5] Paus., 1, 2, 6 ; 2, 4, 7 ; Schol. Eur. Or., 920 ; Paus., 2, 1, 6. — [6] Schol. Theokr., 1, 65, etc.

mies contre le ciel viennent des Ouranides; la colonne de nuages électriques qui se forme sur le cratère au moment de l'éruption [1], c'est Zeus qui l'assemble pour foudroyer ses ennemis. Cette même donnée se reproduit constamment sous toutes les formes; la lutte des Ouranides contre les Kronides [2], la tentative des Aloades [3], l'escalade des géants [4] sont autant de faces diverses d'une même idée dont le sens est clair, si l'on remarque que le théâtre de ces guerres terribles est toujours une contrée volcanique [5], toujours un pays situé dans l'occident lointain, où les flammes rouges du couchant semblent le reflet d'un incendie.

Une famille de dieux qui avaient pour armes des rochers et qui se jetaient des montagnes à la tête, ne devait pas être fort bénigne pour les hommes. Aussi l'époque pélasgique est-elle une de ces périodes où l'homme, dominé par les forces de la nature sauvage, adore en tremblant ces énergies qui le menacent. Toutes les catastrophes qui font péricliter la vie sociale viennent d'en haut; c'est là qu'il faut chercher le remède; mais le mobile de la prière est la crainte, jamais l'amour.

[1] Humboldt, in Cosm., t. I. — [2] Hés. Théog., 180. — [3] Diod. Sic., 5, 50; Apoll. Clav., 1, 43. — [4] Apoll., 1, 6, 1. — [5] Schol. Hom. Il., 8, 479; Paus., 8, 29, 2; Strab., p. 245, 281, 330; Pind. Nem., 1, 67.

Ainsi, quand une famine désole la Phrygie, c'est que Rhée á quitté ce pays; pour apaiser la déesse, il faut instituer le culte d'Atys [1]. Une sécheresse vient affliger la ville d'Haliarte; pour la faire cesser, l'envoyé doit percer de son épée Lophis, fils de Parthénopée [2]. Des calamités de toute nature fondent sur la ville de Théra; c'est parce que Battos a négligé l'ordre de l'oracle [3]. La Lycie est couverte par une inondation : c'est Bellérophon qui a invoqué la vengeance de Poséidon [4]. A Caphyes, en Arcadie, un fléau étrange se manifeste [5]; tous les enfants qui naissent, viennent avant terme. L'oracle explique alors que les Caphyens ont eu tort de lapider des enfants qui traînaient, par étourderie, une statue de la déesse : le fléau cesse dès qu'on porte des offrandes funèbres sur la tombe des victimes. Une stérilité épouvantable frappe la Grèce, parce que Pélops a tué Stymphale dans un guet-apens [6]; parce qu'Augé a exposé son enfant dans le Téménos d'Athéné [7].

Souvent la colère divine prend une forme moins abstraite. Ainsi Apollon, mécontent des Argiens, lance contre eux un monstre nommé

[1] Diod., 3, 58, 9. — [2] Bouillet, Dict. d'ant., *s. v.* Lophis. — [3] Pind. Pyth., 4, 59; 5, 55. — [4] Plut. de Mul. Virt. — [5] Paus., 8, 23, 5. — [6] Apollod., 3, 12, 6. — [7] Id., 2, 7, 4; 3, 9, 1.

Poiné, qui fait périr les enfants sur le sein de leurs mères [1]. Poséidon envoie à l'Attique le taureau de Marathon [2], à la Crète le Minotaure [3], à l'Éthiopie le monstre qui faillit dévorer Andromède [4]; ou bien il submerge l'Attique pour se venger de la préséance attribuée à Athéné [5]. C'est l'époque où des animaux hideux comme les plésiosaures de l'ancien monde viennent tout à coup décimer les hommes, qui hésitent entre la nécessité de défendre leur propre existence et la crainte d'offenser les dieux. Parmi ces créations fantastiques, on trouve Échidna, moitié femme, moitié serpent [6]; le renard de Teumesse, qui se nourrissait de chair humaine [7]; la Chimère, animal à tête de lion, qui vomissait du feu [8]; le sanglier de Calydon [9], dont Athénée veut faire une laie blanche [10], etc. Quelquefois l'homme hardi qui parvenait à tuer le monstre était nommé roi du pays qu'il avait sauvé : ainsi Cychreus [11] et Œdipe [12].

D'autres fois encore, c'est par les épidémies que les dieux manifestent leur puissance, comme à la suite du meurtre commis par Idoménée [13]. Apol-

[1] Paus., 1, 43, 7. — [2] Apollod., 2, 5, 7; 3, 1, 3. — [3] Id., 2, 4, 3. — [4] Hérod., 8, 55. — [5] Apollod., 3, 14, 1. — [6] Hés. Théog., 307. — [7] Apollod., 2, 4, 6. — [8] Il., 6, 180; 16, 328. — [9] Id., 9, 527. — [10] Athen., 9, p. 401. — [11] Apollod., 3, 12, 16. — [12] Soph. Œd. — [13] Schol. Odyss., 13, 259; Serv. Virg. A., 3, 321.

lon frappe les Doriens de la peste pour venger la mort de Karnos [1] et celle de Scephros [2]. Athéné se venge d'un incendie qui a consumé un de ses temples, en envoyant une épidémie qui désole Corinthe [3], frappée aussi par Poséidon, à cause de la mort d'Actéon [4].

Enfin, c'était quelquefois par la folie que les dieux se vengeaient de leurs ennemis ou punissaient les coupables. Dionysos frappe les Prœtides d'une folie furieuse [5]. Lui-même avait été atteint de démence par le courroux de Héra [6]. Le même dieu envoie le délire aux jeunes filles de Minée [7], aux femmes de l'Attique pour venger la mort d'Ikarios [8], à Lycurgue [9]; Carnobuta est frappé de démence par la colère de Démèter [10]. Lorsque les Athéniens enlèvent aux Éginètes les statues d'Auxésia et de Damia, saisis d'une folie furieuse, ils s'entre-tuent [11].

Sans accepter ces traditions comme appartenant toutes au même âge, on peut les étudier avec intérêt, en ce qu'elles confirment les assertions énoncées plus haut sur le caractère sauvage et terrible de la première religion grecque, qu'on re-

[1] Paus., 3, 12, 2. — [2] Paus., 8, 53, 1. — [3] Schol. Pind. Ol., 13, 56. — [4] Plut. Érot., 2. — [5] Apollod., 2, 2, 2. — [6] Id., 3, 1. — [7] Ant. Lib. 10. — [8] Paus., 1, 2, 4; Hyg., f. 130. — [9] Apollod., 3, 5, 1. — [10] Parisot, Dict. myth., *s. v.* — [11] Hérodot., 82; Paus., 2, 30, 5.

trouve là seulement, et point du tout dans les hymnes orphiques, où respire la béatitude du sanctuaire. Comment ces mélodies tranquilles, qui s'élevaient vers le ciel avec les spirales de l'encens, se seraient-elles mariées aux cris déchirants de la victime qu'on égorgeait pour apaiser les dieux, dont la vengeance implacable demandait du sang? Une épidémie venait-elle à frapper une ville, une armée ennemie menaçait-elle la sécurité d'un Etat, on n'appelait pas des prêtres vêtus de longues robes blanches et portant dans leurs mains les simples offrandes des peuples Ariens. Il fallait une oblation plus valable : le sang humain, et de nombreuses traditions montrent que, dans le principe, la Grèce se rapprochait, au moins de ce côté, de l'exécrable civilisation mexicaine.

On voit, dans les légendes, des sacrifices humains offerts en Crète à Kronos [1], à Zeus Ithomique [2], au Zeus hospitalier de Cypre [3], à Zeus d'Orchomène [4], à Zeus arcadien [5], à Dionysos de Potnies [6], de Patras [7], de Chio et de Ténédos [8], de Calydon [9], à Artémis Triclarie [10], à

[1] Jacobi, Myth., Wœrt. II, p. 866. — [2] Paus., 4, 9; Clém. Alex., 1, 36. — [3] Bouillet, Dict. d'ant. s. v., Cérastes. — [4] Apollod., 1, 9, 1. — [5] Id., 3, 8, 1. — [6] Paus., 9, 8, 1. — [7] Id., 7, 21, 1. — [8] Porph. de Abst., 2, 55. — [9] Paus., 7, 21, 1. — [10] Id., 7, 19; 20, 21, 2.

Artémis taurique[1], à Artémis Aricine[2]; à Hermès Leucos[3]; à Athéné de Troie[4]; à Palémon[5]; à Amphitrite[6]; aux Paliques[7]; à Arès[8]; aux Érinnyes[9]; à Pélée[10]; au héros Polytès[11]; au Cyclope Géreste, à Athènes[12].

D'autres légendes, sans mentionner de dieux en particulier, nous montrent Idoménée, surpris par un orage, promettant de sacrifier le premier qui s'offrirait à sa vue en touchant la terre natale[13]. Un certain Embaros, natif de l'île de Pyrée, immole sa fille aux dieux pour une cause analogue[14]. Démiphon, roi de Phlaguse, dans l'Asie-Mineure, sacrifie chaque année une jeune fille pour empêcher le retour d'une peste qui avait désolé ses états[15]. Phérécyde fut mis à mort par les Lacédémoniens, d'après un oracle qui leur enjoignit de garder avec soin sa peau[16].

Un dragon ravageant le territoire de Thespies, Cléostrate fut choisi pour lui être sacrifié[17]. En Crète, une révolte ayant éclaté, l'oracle enseigna qu'il fallait immoler une vierge aux héros indi-

[1] Eur. Iph. Taurid. — [2] Strab., 5, p. 239. — [3] Tzetz. Lyk., 674. — [4] Suid., *s. v.*, *Poiné*. — [5] Tzetz., 229. — [6] Plut. Symp., 20; de Sollert. anim. — [7] Parisot, Dict. myth., 3, 253. — [8] Plut. parall. gr. et r. h., 23; Hérodot., 4, 57, 62. — [9] Ant. Lib. 25. — [10] Parisot, 3, 288. — [11] Strab., 6, p. 255; Æl. h. v., 8, 18. — [12] Apollod., 3, 15, 8. — [13] Schol. Odyss., 13, 259. — [14] Parisot, 2, 166. — [15] Hyg. Poet. astr., 2, 40. — [16] Bouillet, Dict. d'ant., *s. v.* — [17] Paus., 9, 26, 5.

gènes[1]. Méandre, fils de Cerkaphos, ayant triomphé d'une armée ennemie, égorgea son fils pour accomplir un vœu[2].

Quelquefois le dévouement à la mort était volontaire. Ainsi les filles d'Androclée[3], Haemon, fils de Kréon[4], et Ménécée[5] s'offrent spontanément à la mort pour sauver Thèbes, l'oracle demandant une victime humaine. De même Ischénos se dévoue pour sauver la Grèce d'une famine[6]. Agraulos se sacrifie pour Athènes[7], Marathon, arcadien, pour assurer la victoire aux Tyndarides[8], Macarie pour les Héraclides[9].

Ces sanglantes offrandes, qui se retrouvent à l'origine de tous les cultes, persistèrent beaucoup plus tard que l'époque pélasgique, puisqu'on en voit des traces au siége de Troie[10] et à la bataille de Salamine même[11]; mais d'après les termes de ces récits, ce n'était plus que d'horribles souvenirs prolongés, et qui se ravivaient seulement dans les grandes calamités. Car déjà, dans Homère, Zeus a un caractère moral trop élevé pour qu'on suppose que l'anthropophonie eût persisté dans son culte. On voit, du reste, dans plusieurs traditions, des traces de la réprobation que ces vestiges d'une

[1] Parthen. Erot., 35. — [2] Ps. Plut. de Fluv. — [3] Paus., 9, 17. [4] Eurip. Phœn., 930. — [5] Apollod., 3, 6, 7. — [6] Tzetz. Lyk., 42. — [7] Hérod., 8, 53. — [8] Plut. Thes., 32. — [9] Apollod. Clav., 2, 332. — [10] Il. 23, 126. — [11] Plut. in Them.

antique *civilisation* soulevaient dans les âmes : ainsi Lykaon est un monstre puni par Zeus [1]. D'autres fois les mythes conservent précieusement le nom de ceux qui ont aboli les sacrifices humains; ainsi Diomède [2], Héraclès [3] et Eurypyle [4]. Souvent la légende populaire venait adoucir ce que l'exécution de la loi avait de trop barbare. L'oracle avait ordonné aux Penthélides qui allaient fonder une colonie à Lesbos de s'arrêter sur le Mésogion et d'y sacrifier une jeune fille à Amphitrite et aux Néréides. Le sort désigna la fille de Sminthée; mais comme on la jetait à la mer, son amant s'y précipita avec elle, et des dauphins les sauvèrent tous deux [5]. La récompense de la mort volontaire est une place dans le ciel [6] ou un temple [7]. Du reste, les traces de ces hideux sacrifices subsistèrent longtemps en Grèce et à Rome, comme on le voit par les *pilæ* ou figures de laine qu'on offrait aux dieux Lares dans les Compitales, par les diamastigoses ou flagellations [8], par les offrandes d'animaux [9], et peut-être par les combats de gladiateurs, où, grâce à une sorte de progrès moral, la victime pouvait, à force de courage et d'adresse, jouer le rôle de bourreau.

[1] Apollod., 3, 8, 1. — [2] Porphyr. de Abst. anim. — [3] Diod. Sic., 4. — [4] Paus., 7, 19, 20, 21, 2. — [5] Plut. Symp., 20. De Sollert. anim. — [6] Ant. Lib. 25, — [7] Paus., 9, 17. — [8] Id., 8, 23. 1. — [9] Id., 9, 8, 1.

Tel était le caractère de la période pélasgique. L'âge héroïque ou spiritualiste succède à cette première phase; l'être des dieux se dégage des forces de la nature, bien qu'il y soit encore fondu en quelques points. Son aspect général révèle que l'homme a pris connaissance de la faculté de la raison, confondue originairement avec les énergies aveugles de la matière. Les deux poèmes attribués à Homère représentent l'époque du spiritualisme dans tout son éclat.

C'est en consultant ces deux précieuses compositions qu'on se rendra compte du changement profond opéré dans les idées religieuses du peuple grec. Les dieux *centralisés* par Zeus n'ont presque plus de volonté propre; à peine essaient-ils de résister, comme le Xanthe [1] ou Héra [2]. Bientôt, ils sont contraints à se soumettre. Les dieux-nature, comme les vents, dont l'influence spontanée est toujours malfaisante, n'ont plus d'initiative [3]. Les catastrophes même qui, jadis, décelaient la colère des puissances supérieures, sont interprétées dans un sens tout différent : ainsi, quand la guerre de Troie éclate, c'est que Zeus, saisi de compassion,

[1] Il. 21. — [2] Id. 4, in pr. — [3] Id., *passim*.

veut réduire la race humaine, accablée de maux parce qu'elle est trop nombreuse [1].

D'ailleurs, comme nous l'avons fait remarquer plus haut, un élément moral très-important s'introduit dans l'Olympe régularisé. Si Zeus a plusieurs femmes, c'est que, de tout temps, les races orientales ont regardé la polygamie comme une forme normale de la société civile : ainsi Zeus ne fait aucune difficulté de parler à Héra de ses nombreuses maîtresses [2]; ainsi Léto est représentée comme une première femme du maître des dieux [3]. Les hommes, en levant les yeux vers l'Olympe, y trouvent le type de toutes les vertus, telles que l'époque les concevait : Héra ou la chasteté conjugale, Artémis ou la chasteté absolue, Arès ou le courage guerrier, Athéné ou l'intelligence toujours forte parce qu'elle est toujours pure. C'est postérieurement à l'âge héroïque qu'on défigure la théodicée olympique en supposant des amants à toutes les déesses; sans chercher dans cette époque antique l'idéal d'une moralité qu'elle ne comportait pas, on conçoit qu'il y avait une véritable religion là où la déesse de la *justice* était toujours *juste*, celle de la *chasteté* toujours *chaste*, celle du *courage* toujours *brave*, etc.

Cependant, malgré les efforts d'Homère pour

[1] Fragm. Carm. Cypr. — [2] Il. 14, 317. — [3] Id., 21, 498.

systématiser la moralité confuse de l'âge précédent, s'il put écarter de son poème les dieux-Titans ou forces naturelles, dont la conception n'était plus en harmonie avec les idées de l'époque, il ne réussit pas également, malgré les épithètes pompeuses qui semblent ne mettre aucun frein à la puissance de Zeus, à le faire agir conformément à ces données. Até le trompe en lui *suggérant* l'idée du serment si funeste à Héraclès[1]. Dans une autre occasion, il *craint* que les hommes ne meurent, si Démèter ne veut point s'apaiser[2]. En lutte avec le destin, il est vaincu[3]. Comment, en effet, l'âge héroïque eût-il pu oublier qu'avant Zeus avait existé toute une famille de dieux puissants, et la race humaine elle-même[4]? Il fut donc impossible au poète d'effacer toute trace des antiques mythes kroniens, qui se redressèrent plus tard, avec Eschyle et les Alexandrins, en face des dieux olympiques.

L'époque héroïque est un de ces moments où les peuples, encore sous le charme de la jeunesse, et déjà assez aptes pourtant à la vie de l'art, aiment à se représenter sous une forme régulière et arrêtée l'ensemble des choses qui remplissent la terre et le ciel. Il y a bien des conceptions qui restent vagues : les Sirènes, les Muses, les Parques

[1] Il. 19, 126. — [2] Hom. Hymn. in Cer. — [3] Odyss., 1, o pr., 3, 264. — [4] Hésiod. Théog.

n'ont pas encore de noms particuliers ni de nombre déterminé; mais les grandes lignes du système, également éloignées de la confusion indienne et de la barbarie sémitique, se dessinent pures et nettes. Le séjour des dieux ne s'étend pas à l'infini dans les plaines bleues de l'éther : c'est au sommet de l'Olympe qu'habitent les immortels; au-dessous d'eux s'agite la noble race des Achéens, composée des *aristoi* ou nobles, du *dèmos* ou peuple, et des *dmoès* ou serfs, qui honorent également les prêtres des dieux, les voyants, les Aèdes déjà habiles à réciter de glorieuses aventures. Ce sont ces derniers, qui racontent aux héros assis en cercle comment le ciel est soutenu par des colonnes reposant dans la mer [1], pourquoi le fils de Kronos a placé dans les nues l'arc-en-ciel QUI EST UN SIGNE A TOUS LES MORTELS [2] (*Arcum meum ponam in nubibus, et erit* SIGNUM *fœderis*) [3], et par quel flux éternel l'Océan, qui ceint la terre comme un fleuve, agite ses mornes eaux où le soleil se couche chaque soir. Au delà du petit monde, connu des tribus guerrières, s'étendent des pays merveilleux que les chantres ont vus avec les yeux du rêve; l'Éthiopie, où habitent les Amazones [4]; la Sicile avec ses farouches hordes de Cyclopes, de

[1] Odyss., 1, 52. — [2] Il. 11, in Pr. — [3] Genes., 9, 13 — [4] Il, 3, 189.

Géants, de Lestrygons, créations titaniques qui périrent de la main des dieux [1] ; l'Hyperborée, paradis situé au delà des vents froids de la Thrace [2], qui avait vu naître les cultes apolliniques, et où habitaient les Pygmées [3], Lilliputiens de l'ancien monde. Dans les contrées mêmes où l'homme réside habituellement, le mystérieux et le fantastique jaillissent du sol sous la lyre des poètes. Dans la fabuleuse Hespérie, se trouve une entrée des enfers [4]; mais la caverne de Ténare, celle d'Héraclée dans le Pont, celle de Thymbrée en Carie, y aboutissaient aussi [5]. Un sol tout volcanique, des sources d'eau bouillante jaillissant çà et là, de lugubres cavités, des rochers dressés comme de noires murailles, et donnant au paysage un caractère de tristesse et d'horreur, expliquent de telles croyances au sujet du silencieux Averne, où Lycophron place déjà les enfers.

Cette triste demeure où tout homme doit se rendre est éternellement ténébreuse [6]. Aïdès et Perséphone y règnent sur les morts [7]. L'Élysée n'est guère plus récréatif; la vie y est monotone et triste, même pour celui qui, comme Achille, commande aux ombres [8]. Les idées de vice et de

[1] Od., 7, 59, 206; 10, 120. — [2] Müll. Dor., 1, 273. — [3] Il. 3, 5. — [4] Od., 10, 511. — [5] Jacobi, Myth. Wœrt., 178. — [6] Od., 10, 509. — [7] Il. 9, 457; 20, 61. — [8] Odyss., 11, 485.

vertu ne paraissent guère influer sur la décision du monarque infernal, puisqu'Odysseus aperçoit pêle-mêle les bons et les méchants, Tantale, Sisyphe, Achille, Orion, Minos jugeant les morts, etc. Sisyphe et Tantale souffrent, il est vrai; mais Orion, tué à coup de flèches par Artémis, chasse dans la prairie d'Asphodèle un gibier fantastique, pendant que l'ombre d'Héraclès y gémit de regret. Toutes ces notions sont aussi contradictoires que celles qui ont rapport à la situation même de l'Érèbe, donné comme se trouvant ou sous la terre [1], ou à l'ouest [2]. Dans les traditions du moyen âge on trouve les mêmes discordances et les mêmes fictions à propos de l'enfer chrétien. Ainsi, dans la vision de Sunniulphe, les morts passent sur un pont très-étroit, élevé au-dessus d'un fleuve de feu [3]. Dans la vision du moine d'Évesham, c'est une plaine marécageuse située à l'orient, qui sert de lieu de supplice aux damnés [4]. Dans celle qui frappa si violemment la mère de Guibert de Nogent, c'est par un puits que les ombres s'élèvent jusqu'aux yeux des vivants [5].

La même tendance à l'unité qu'on voit se manifester à propos de l'Olympe se retrouve dans les grands mythes guerriers, tels que ceux des Atrides

[1] Il. 20, 62. — [2] Od., *l. c.* — [3] Greg. Tur., 4, 33. — [4] Mathieu Pàris, 2, 259, trad. Huillard. — [5] Guib. Nog., 1, 18.

et des Argonautes. Il se forme çà et là des centres de composition poétique, si l'on peut ainsi parler, auxquels viennent se rattacher successivement tous les personnages isolés, tous les héros locaux qu'honorait telle ville ou telle bourgade. En même temps, le caractère titanique s'efface, et par le noble but qui anime les héros, et par les natures bienfaisantes qui se dessinent au milieu d'eux. Les Grecs n'ont plus autour d'eux les contrées tourmentées de l'Asie, et à leurs oreilles le bruissement des grandes eaux. Parvenus dans un pays tranquille, sous un ciel toujours bleu que reflète une mer calme, ils s'occupent, après avoir détruit les créations ahrimaniques dans le ciel, à les combattre sur la terre. De là le personnage d'Héraclès, qui souffre et meurt pour l'humanité; celui de Thésée ; de là encore, l'expédition des Argonautes et la guerre de Troie, dont le mythe repose probablement sur des nécessités politiques.

Enfin, le scepticisme vient clore l'évolution successive du système religieux. Par une lente dégradation, et en altérant successivement le type propre des dieux et des héros, des légendes et des récits sacrés, il amène sa chute complète. Pendant cette phase, le spiritualisme d'Homère s'altère et s'obscurcit; un travail sourd prépare bien la société à des croyances nouvelles; mais, pour aider ce travail même, et permettre à la conception monothéiste de se manifester, il faut que les créations des âges antérieurs perdent leur élément divin : c'est ainsi qu'Héraclès, qui est, dans Homère, un type de courage et de dévouement à l'humanité, un Christ barbare, devient, avec l'époque d'Euripide, une sorte de Falstaff. C'est ainsi que la sévère déesse du mariage, la Héra de l'Iliade, l'épouse-vierge (Parthénia), se métamorphose en une épouse adultérine dont un siècle dégénéré raconte les amours. C'est ainsi que l'austère Artémis, qui portait dans l'origine, encore plus que Héra, un caractère de chasteté et de virginité, devient, plus tard, l'amante d'Endymion.

Il ne faudrait pas croire, du reste, que dans les auteurs ces phases soient parfaitement tranchées comme on le voit ici. Il n'en peut être ainsi, par cette raison que l'évolution de chaque type ne s'est pas faite avec la même vitesse. Diverses circonstances en ralentissaient le mouvement chez certaines peuplades, l'accéléraient chez d'autres; et comme à des époques de repos les nations se recueillent et rassemblent ce qui se meurt en elles, quand ce phénomène arrivait en Grèce, on voyait réunies dans les systèmes des mythographes des conceptions portant, les unes le caractère de la première époque, d'autres celui de la seconde, et figurant pourtant côte à côte. De là cette confusion inexprimable dont nous avons déjà parlé, et que la profonde intelligence de la vie antique, particulière à notre siècle, permet aujourd'hui de faire cesser.

Pour représenter fidèlement ces diverses phases et leurs nuances, deux méthodes étaient en présence, offrant chacune des avantages particuliers. La première consistait à scinder complétement le travail projeté en trois sections différentes, mythologie naturaliste, mythologie spiritualiste et mythologie sceptique, en reprenant chaque fois *da capo* les traditions qui, nées antérieurement, avaient persisté dans l'esprit des peuples. De cette sorte, chacune des sections formait un tout complet, représentant les croyances particulières à chaque âge. L'inconvénient le plus capital d'un tel procédé est la nécessité où l'on se serait trouvé de se livrer à des redites continuelles, fatigantes pour le lecteur.

L'autre méthode, que nous avons suivie, a l'avantage d'être infiniment plus concise. Elle considère l'époque spiritualiste comme le véritable polythéisme, dont la phase naturaliste n'est qu'une préparation, et la phase sceptique qu'une dégradation. Isolant le mouvement philosophique, qui va au progrès des idées, du mouvement mythologique, qui va à la mort des croyances, elle considère le polythéisme comme une religion qui a son expression complète dans les livres d'Homère, et dont les divergences postérieures ne sont, au point de vue mythologique, que des hérésies, qui doivent être subordonnées au système général. Toutefois, quand ces divergences portent avec elles un enseignement important, la méthode ne néglige pas de les interpréter; voici dans quels cas :

La décadence des mythes grecs se fait suivant une loi double que nous avons eu occasion d'énoncer plus haut : altération des types de l'époque religieuse, et moralisation des légendes barbares. Ainsi, tout en enlevant à Héra, à Artémis, à Héraclès, à Pénélope, leur *sainteté* première, l'époque critique procède en sens inverse, à l'égard d'Oreste et de Lykaon, par exemple, dominée qu'elle est par le développement des idées, en opposition avec celui des croyances. Le roi d'Arcadie, Lykaon, fondateur de toute civilisation, est représenté dans Apollodore [1] comme un monstre, parce que son mythe fait mention de sacrifices humains, cruelles offrandes qui apparaissent à l'origine de tous les cultes. Une époque civilisée s'effraie de ces san-

[1] Bibl. Ap., 3, 8, 1.

glants vestiges d'une période barbare, et, sans chercher à concilier des faits qui peuvent s'accorder, elle imagine, dans sa réprobation, que Lykaon fut changé en loup [1] pour avoir sacrifié son fils (ou un étranger [2]) à Zeus. On voit ici qu'une puérile allitération (Lykaon-Lykos), combinée avec une cause plus sérieuse, dénaturent complétement le sens du mythe.

De même dans le type d'Oreste nous remarquons un développement successif des idées morales. Suivant Homère, Oreste était fils d'Agamemnon et de Clytemnestre, et frère de Chrysothémis, de Laodicé et d'Iphianasse; huit ans après l'assassinat de son père, qui tomba sous les coups d'Égisthe, auquel les dieux enjoignirent en vain de s'abstenir de ce crime, il se rendit de Mégare à Athènes, vengea la mort d'Agamemnon par celle de son meurtrier, et « célébra, dit le poète, les funérailles de sa terrible mère en même temps que celles du lâche Égisthe. » Cette action courageuse le couvrit de gloire, et lui mérita les éloges de la postérité [3].

Tel est le récit d'Homère, qui ne représente nulle part Oreste comme poursuivi par les *terribles Erinnyes* ou *les chiens de la mère;* ce qu'il n'eût pas

[1] Tzetz. Lyk., 481. — [2] Ov. Met., 1, 226. — [3] Odyss., 1, 298.

manqué de faire si le meurtre de Clytemnestre eût soulevé dans les premiers siècles la réprobation morale que manifestent les âges postérieurs. Il est donc évident que, primitivement, le matricide d'Oreste était regardé comme la juste rémunération d'un affreux forfait : sang pour sang, telle est l'idée qu'exprime le mythe d'Oreste à l'époque homérique, et le fils qui venge son père n'a rien à redouter des dieux.

Sophocle, quoique bien postérieur à Homère, rompt l'échelle morale qui s'étend du père de la poésie épique jusqu'aux auteurs modernes; dans son Électre, il se conforme à la conception antique. Oreste, auquel un oracle d'Apollon a enjoint de venger son père, exécute sans hésitation un parricide commandé par les dieux : il égorge sa mère avec une froide impassibilité, et prend ensuite un ton ironique avec Égisthe. Le chœur, témoin du meurtre, ne voit dans cette action qu'un « coup hardi qui rend enfin la liberté à la race d'Atrée. »

On voit donc que le mythe d'Oreste n'exprimait, dans l'origine, que la sanctification de la loi du talion : loi terrible, puisque le fils pouvait se croire choisi par les dieux comme exécuteur de la vengeance céleste, et sans être passible d'un châtiment.

Plus tard, lorsque la civilisation, toujours croissante, eut adouci les mœurs et les lois, on ne put voir sans horreur un fils souillé du sang de sa mère; la justice apparente de l'action d'Oreste révolta les esprits, et les poètes laissèrent apparaître à la fois dans leurs compositions et le progrès de l'idée morale et le déclin de la religion régnante [1]. Il fallut punir Oreste, qui déjà dans Eschyle n'égorge sa mère qu'en frémissant, et lorsque Pylade lui a rappelé l'ordre d'Apollon. Dans Euripide, il va plus loin : il accuse la divinité de démence, il soupçonne qu'un démon trompeur pourrait bien avoir emprunté la voix d'Apollon; les Dioscures eux-mêmes, dont l'intervention semble étrange, quoiqu'elle soit nécessitée, qualifient d'insensé l'oracle du fils de Léto.

Ces préliminaires n'empêchent cependant pas l'accomplissement du crime; mais la morale publique se satisfait en imposant à Oreste une punition terrible : « Si le châtiment de Clytemnestre est juste, lui disent les Dioscures, ton action ne l'est pas. » Et ici commence le rôle des Erinnyes. Puis, après de longs tourments, Oreste est, ainsi qu'Œdipe, délivré du poids de son crime involontaire; la loi divine est satisfaite, comme la justice

[1] Artaud, trad de Soph., p. 66.

humaine, et l'homme n'a nullement lieu d'accuser le Destin.

On ne peut donc reprocher à la méthode de négliger l'importante période de décroissance qui s'étend, dans les monuments écrits, depuis Eschyle jusqu'aux derniers auteurs. Seulement, la partie est subordonnée au tout, et le pivot du travail exécuté est la religion homérique.

Pénétré de ces idées, nous avons soigneusement recueilli, en prenant pour guide l'ouvrage de Jacobi, les traditions de toute nature éparses dans les poètes, dans les mythographes, dans les historiens de l'antiquité, et nous les avons classées par âge, en indiquant leur provenance. Nous n'avons point fait de travail préalable sur la période du naturalisme grec, parce que, selon nous, une œuvre semblable ne pourra être exécutée qu'après une connaissance plus approfondie des religions indienne, arienne, etc. Exposant en premier lieu les mythes homériques, nous avons cependant noté çà et là ce qui nous paraissait se rapporter à ce naturalisme primitif. Viennent ensuite les mythes de décadence, dont les variantes, quelque minutieuses qu'elles soient, n'ont point été négligées.

Ce procédé de division a été appliqué aux dieux, aux héros et aux êtres mixtes, qui forment dans notre livre trois grandes catégories. Par êtres mixtes, nous entendons les Géants, les Cyclopes, les Hécatonchires, les Sirènes, etc., qui ont varié de caractère avec les âges, aussi bien que les habitants de l'Olympe et ceux de la Terre.

Des chapitres spéciaux ont été consacrés aux peuples fabuleux, aux régions imaginaires de l'Enfer et de l'Olympe, aux inventeurs que la tradition représente comme ayant les premiers découvert les choses nécessaires à la vie.

Un travail, qui est aussi sans analogue, mentionne les Dieux-fleuves et les Nymphes, énoncés dans les documents que l'antiquité nous a laissés.

Enfin, nous présentons, dans un dernier chapitre de l'histoire des variations du polythéisme, un essai de mythologie ethnographique, où se trouvent classés alphabétiquement les personnages qui avaient, suivant la tradition, donné leurs noms à des villes ou à des contrées diverses.

FIN.

TABLE.

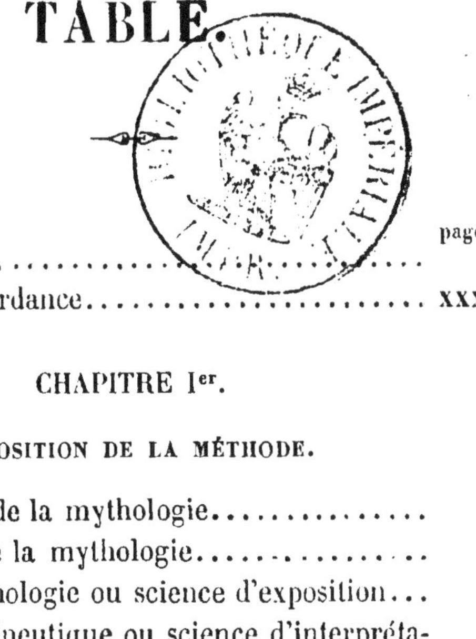

CHAPITRE Ier.

EXPOSITION DE LA MÉTHODE.

CHAPITRE II.

APPLICATION DE LA MÉTHODE.

3 juin 31

CHAPITRE III.

EXTENSION DE LA MÉTHODE A UN PLAN GÉNÉRAL.

Paris. — Imprimerie Bailly, Divry et Ce, place Sorbonne, 2.

OUVRÁGES DU MÊME AUTEUR :

DICTIONNAIRE MYTHOLOGIQUE UNIVERSEL, traduit de l'allemand du docteur Jacobi pour le polythéisme gréco-romain, et rédigé, pour les religions orientales, sur les travaux les plus récents. 1 vol. grand in-18; Paris, Didot frères, 1846.

BIOGRAPHIE PORTATIVE UNIVERSELLE, avec des tables nominales indiquant le mouvement de l'esprit humain dans le cours des siècles; par Lud. Lalanne, L. Renier, Th. Bernard, etc. 1 vol. grand in-18; Garnier frères, 1851.

Pour paraître prochainement :

HISTOIRE CRITIQUE DES VARIATIONS DU POLYTHÉISME GREC, présentant la collection complète des Légendes contenues dans les poëtes et les mythographes; précédée d'une Introduction sur les transformations successives des idées religieuses dans l'Hellade, et suivie d'un Essai de Mythologie ethnographique. 3 vol. in-8°.

HYMNES D'ORPHÉE, traduits du grec, avec une introduction et un commentaire analytique. 1 vol. in 18.

Impr. Bailly, Divry et Ce, place Sorbonne, 2.

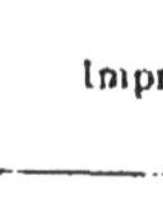

www.ingramcontent.com/pod-product-compliance
Ingram Content Group UK Ltd.
Pitfield, Milton Keynes, MK11 3LW, UK
UKHW020552180726
13838UKWH00001B/200

9 782329 372600